ウルトラマンシリーズ放送開始50年　記録写真集

ウルトラマンの現場
～スタッフ・キャストのアルバムから～

■【円谷英二の日記】円谷英二は、東宝のゴジラシリーズなどの特技監督で、"特撮の神様"と呼ばれる第一人者であった。1963年に円谷特技プロダクション（現・円谷プロダクション）を設立し、TBSと組んでテレビ特撮シリーズ『ウルトラQ』を制作。当時は映画館でしか見られなかった怪獣がお茶の間で毎週見られるということで『ウルトラQ』は大人気を博した。掲載した円谷英二直筆の日記は、『ウルトラQ』の第1話放送日の1966年1月2日のもの。制作に時間をかけた『ウルトラQ』が好感触であることの喜びが表れている。

ウルトラQからウルトラマン

ウルトラQ　ウルトラマン
プロデューサー

栫井 巍
KAKOI TAKASHI

■国産テレビ映画とTBS

　昭和28年(1953)に始まったわが国のテレビ放送は、初期の頃から多くのアメリカ製テレビ映画を各局とも番組編成の中に取り入れ、またそれらが高い視聴率を上げ評判になった。『ララミー牧場』『名犬リンチンチン』『モーガン警部』『ベン・ケーシー』『サーフサイド6』『パパは何でも知っている』『逃亡者』『ルート66』などが有名。ほかにも多くのテレビ映画が輸入され、それらの放送権をテレビ各局が競って購入し、その吹き替えの映画は番組の編成上重要な位置を占めていた。

　昭和30年(1955)に始まった東京放送(TBS)のテレビでも、昭和30年は『スーパーマン』、昭和31年(1956)には『地方検事』など5本、昭和32年(1957)には『非常線』『名犬ラッシー』など15本、昭和33年(1958)には『アニーよ銃をとれ』『ローンレンジャー』など12本、昭和34年(1959)には『コルト45』『自由の剣』など9本、昭和35年(1960)には『捜査網』『シャイアン』など11本、昭和36年(1961)には『ウチのママは世界一』『西部の男パラディン』など23本、昭和37年(1962)には『裸の町』『ウィリアム・テル』など14本、昭和38年(1963)には『チビッコ大将』『パパは年中苦労する』など27本、昭和39年(1964)には『かわいいマギー』『ペチコート』など24本が番組面を賑わせていた。

　しかし、経年とともにわが国で制作する番組の質の向上もあり、視聴者の目も、アメリカものを見届ける目も厳しくなって、選定も難しくなり、またカラー化により放送権料の高騰もあり、その上、あまりほしくないものまで抱き合わせで買わされる状態も生まれてきた。

　TBSでは、モノクロからカラー化への時代のスタジオドラマの制作に力を入れる一方で、国産テレビ映画にも目を向けてる動きになって来ていた。一方、大手の映画制作会社も、観客動員数の減少、映画館の閉鎖に頭を悩ます時代になっており、テレビ界への進出も視野に入れざるを得ない状況も生まれて来ていた。

　TBS社内では、大手映画会社から持ち込まれたものをそのまま買うというのではなく、当方で独自にテレビ向けの企画を立て、それを映画会社に示した上で発注し、脚本の段階から注文を出し配役にも留意し、それをできる限りフォローして放送に耐えるものを、映画会社の培ってきた手慣れたノウハウの中で作っていこうとする方向を模索していた。そこで生まれたのが「映画制作課」である。(昭和37年(1962)8月映画制作課は昭和38年(1963)7月には部に昇格し、昭和40年(1965)には映画部と名称を変える)その映画制作の要員には、それまでスタジオドラマを制作していた気鋭のディレクターを当て、またその中から数名をアメリカに出張派遣し、現地のテレビ映画制作の現場を直接見学研修させることも行った。私もスタジオドラマ7年の経験を経て、国産テレビ映画の制作に携わることになる。

　昭和39年(1964)はじめ、TBSでは"テレビ運営委員会"の中に、"事前制作企画番組委員会"なるものが設置された。初期のナマ番組が大半であった時期から、VTRが導入されても、番組そのものも1週間前から2、3日前の完成がほとんどで、中には放送前日にやっと仕上がるというものもあり、穴をあけないのがヤットというものもあった。そんな状態では質の問題にも影響する。そのようなギリギリの番組作りを根本的に改善する必要があるのではないか、早くから企画を進め、脚本作りにも配役にも十分余裕をもって当たり、マンネリを脱し独自路線を存分に発揮できるように、そして出来るなら放送前にスポンサーにも見せることができるなら営業的にも効果ありという要望もあり、それらを実現するにはどんなネックがあるのかの検討が始められた。事前の制作着手には、まず企画の先行ということが最も大事ということで、その企画を社内から求めようとして"事前制作企画委員会"が生まれた。

　昭和30年(1955)頃、TBSには"社内報"というものが編集され、社内に配布されていた。全社の人事・慶弔・表彰の発令や告知、社内各部課の動きの様子、新番組の紹介など、社員に知らせる掲示板のようなものが、月に2、3回発行されていた。

　その"社内報"、昭和39年(1964)8月22日号に「オプチカル・プリンター9月より運用開始」の記事が出た。そのオプチカル・プリンターが、或る物語の発端であった。その物語にはまず、円谷英二氏に登場してもらわねばならない。

■円谷英二氏のこと（円谷プロダクション）

　円谷英二氏は、当時日本映画界の巨星であった。映画会社東宝との結びつきが強く、その特殊撮影部門の総帥であった。大正8年(1919)から映画界に身を投じ、太平洋戦争の頃は『燃ゆる大空』『海軍爆撃隊』『上海の月』『南海の花束』『ハワイ・マレー沖海戦』『加藤隼戦闘隊』『あの旗を撃て』『勝利の日まで』ほかの映画の特殊撮影部門を担当。戦後は『太平洋の鷲』『ゴジラ』『ゴジラの逆襲』などで"特技監督"の名称を得(『ゴジラの逆襲』以降、特技監督とテロップされる)、『地球防衛軍』『宇宙大戦争』『モスラ』『キングコング対ゴジラ』など怪獣SF映画の全てにおいて特殊撮影技術を監督し、その特撮では日本において誰知らぬ者はないほどの名声を得ていた。

　氏は、東宝映画で活躍していながらも、私的には自宅に若い連中を集め、新しい特殊技術の研究と開発に努め、その技術の継承を図ろうとしていた。それが「円谷特殊技術研究所」に育ち、のちに「円谷特技プロダクション」へと発展していく。氏は、劇場用映画の世界に身を置きながらも、テレビという新しい情報発信媒体にも興味を抱き始めていた。長男の一を東京放送に、次男の皐をフジテレビに入社させたのも、氏の深謀のなせる業であった。

　円谷英二氏は、昭和38年(1963)株式会社円谷特技プロダクション(のちに円谷プロダクションと改編)を手持ちの資金を元手に設立し、氏の自宅に集まっていた若い人をその傘下に抱えることにした。(その若いスタッフが、やがて『ウルトラQ』『ウルトラマン』などウルトラシリーズを創り出す有能な人材に育っていくことになる)

■オプチカル・プリンター

　円谷英二氏は、この新しい円谷プロダクションのこれからの仕事分野で若いスタッフに存分に腕を振るわせ成果を上げるには、是非新しい特殊撮影、光学処理の機器が必要と考えた。そこで目をつけたのが、アメリカのオックスベリー社の新しい光学合成機オプチカル・プリンター1200シリーズ(同社の古いタイプのものは東宝でも使用されていた)。この新機種は、4本のフィルムを一度にかけられるフォーヘッド方式の最新型で、白黒・カラーを問わずどんな複雑なトリック映画の合成でも容易に出来、さまざまな画面効果を作り出せるもの。円谷氏は、その最新鋭機器を若いスタッフに使わせ新しい時代に相応しい制作に取り組ませたい、そして新しいテレビ映画にも進出できるようにしたいと考えた。

　オックスベリー社の1200シリーズは、既に1号機はドイツに輸出され、2号機が完成間近と知った氏は、代理店旭興貿易(銀座)を通じて注文することにした。オックスベリー社は他国から購入の引き合いが来ていたその2号機を円谷氏に回してくれることになった。価格は11万ドル(1ドル360円の時代)、日本円で約4000万円であった。

　円谷氏はこの購入費用は、当時相当のところまで話の進んでいたフジテレビとの提携テレビ映画『WoO』の制作受注費が入ってくるのを当てにして、それで十分まかなえると踏んでいた。この新しい機械は昭和39年(1964)はじめには日本に到着の手筈となっていた。

　ところが、フジテレビが円谷プロに発注するテレビ映画『WoO』は企画が煮詰められ、脚本も書き進められていたにもかかわらず、契約調印寸前の段階で破談になってしまった。そのため、円谷氏が考えた購入資金のメドが立たなくなった。氏は、代理店旭興貿易にキャンセルの話を持っていった。旭興貿易の社長は飛び上がった。機械はすでに日本への船便の手配済の状態でキャンセルは不可能な状態になっていた。円谷氏は慌てて、映画会社、現像会社、銀行関係を回り緊急融資の申し入れをしたが、誕生間もない新しいプロダクションにホイホイと金を貸してくれるところはなかった。すっかり困り果て崖っぷちに立たされた氏は、これまで全く接触のなかった東京放送(TBS)に、長男の一を介して大森編成局長に面会を

求め借金の依頼をすることになる。
　TBSでは、編成局長、制作局長、技術局長、営業局長をメンバーとする"テレビ委員会"を開き、申し入れを検討し、また取締役会まで話を上げての結論は次のようなものであった。
「11万ドル(4000万円)は、お貸しすることは出来ない。その代わり、そのオプチカル・プリンターをTBSが購入することにする。そして使用料を取って、円谷プロに貸すことにする」。その通知を受けた円谷英二氏はTBSの処置に感謝し了解した。旭興貿易も胸をなでおろした。機械はすでに船便により太平洋を一路日本に向かっていた。
　TBSでは、この機械を設置し、所管するのをTBS映画社とし、担当者として技術局から須山英三、石橋四郎を出向させる人事を発令して到着を待った。昭和39年(1964)6月オプチカル・プリンター1200は無事日本に到着し、TBSに隣接する映画社のリハーサル室に運び込まれた。追いかけるようにオックスベリー社の技術者ジョン・ファーム氏が6月30日に来日した。ジョン・ファーム氏は須山氏らと共に荷を解き、機械の据えつけ、組み立て、調整に当たった。設置場所を清浄にすることが必須条件であり、室温の管理も大事なことであった。7月22日、オックスベリー社のジョン・オックスベリー社長も来日し、プロジェクターとレンズの光軸合わせを含めて最終調整を行った。須山氏らは、ブルースクリーンのテストをし、機械と同時に購入したワイドマスクのコピーを作り、テストを繰り返し、運用の段階に入る用意に努力した。そして、前述したように、TBS社内報(8月22日号)の記事「オプチカル・プリンター9月より運用開始」に行きつくことになる。(TBSでは、この新鋭機を優先して円谷プロに使用させる他、コマーシャル関係の制作にも利用でき、また社外の映画会社・プロダクションに有料で利用させることで収入を得ることになった。円谷プロ以外の仕事も年々増えていった。事実多くの劇場用映画も利用した。設置した当初は売上月6万円ほどしかなかったものが、数年で月額6000万円を稼ぎ出すようになっていた)

■『アンバランス』
　オプチカル・プリンターの購入を決めた頃から、TBSは円谷プロに具体的接触を取り始めテレビ映画制作を打診するなど行った。やはり、円谷英二氏を抱える特質を考え、例のオプチカル・プリンターを活用するには、特殊撮影を取り入れたユニークな企画を進めたいと話はまとまりつつあった。そして、これは"事前制作"第一号になり得ると見る人も多かった。
　円谷プロ側も、フジテレビとの話が不調に終わってからTBSとの接触の度合いが多くなっていた。誰云うともなく、アメリカTV映画『トワイライト・ゾーン(ミステリーゾーン)』が話題にのぼり、同様の日本版を模索したらという風な雑談が出たりもした。TBS社内でも、テレビ編成部、企画部、映画部の面々がやや張り切り過ぎの感もある中で、思いつきや希望をバラバラに発言し感想を述べるものだから、企画としてまとまるには程遠い状態であった。円谷プロ側は、こうした雑多な意見に戸惑いも感じた。
　しかし、円谷プロの金城哲夫氏は、TBS内で接触した編成部・企画部・映画部の人々の漠然とした声をなんとかまとめたいと考え、円谷プロの現状と能力を思い、企画書案づくりにかかり、『アンバランス』と題する一文を書き上げTBSに提出した。それはただちに各部門の納得をもたらし、それが新企画、新特撮番組の企画案として歩き始めることになった。
　その企画書『アンバランス』の冒頭部分には次のように書かれていた。
"自然界のバランスが崩れたらという想定のもとに一連の空想物語を描きたい"
　①有史以前より地球を覆っていた巨大な植物の種子が突然変異で蘇ったら…。
　②宇宙ルールを無視して人工衛星を打ち上げたり、核爆弾などで宇宙を汚してしまったら…。
　③数百年前、行方不明になった船が突然姿を現す。朽ちもせず以前と同じ姿のままで発見されたら…。

　続いて、その『アンバランス』の企画書案には「宇宙もの、未来もの、次元もの、怪獣もの、ミステリーもの、怪奇現象もの、SF小説の世界に入りこんでいきたい」と書かれてあった。
「われわれは全く意識しないでバランスのとれた世界の中で、無意識の中で、気楽に安心して生活しているが、なにかの拍子にそのバランスが一部あるいは全部が崩れてしまう状態になったら、一体どうするのか」
　さて、この企画書のカッコイイ、洒落た、気のきいた文章ではどんな映像になるのか全くわからない。バランスの崩れをどう演出するのか。大画面の迫力ある劇場用ならともかく、テレビの小さな画面では。CMを除いて二十数分のテレビ番組の限られた時間でどう表現できるか、見当がつかない。そして、一体誰に、どんな層に見せるのか、視聴対象はどんな層なのか。最も大事な点が曖昧とされていた。"事前制作"とはこういうものだ。
　それでもTBSも円谷プロも一応の妥協点に達し、その上で全てが動き出した。昭和39年(1964)9月には両者の間で13本、7000万円の制作発注費という契約書が締結された。制作当事者であるTBS大森編成局長、円谷プロ側は柴山畔代表取締役(柴山氏は、その直前東宝が円谷プロに資本参加した時、東宝本社の取締役・テレビ部長であった)であった。
　その契約書の内容は
①再放送を含む放送回数について
②制作費の支払い方法
③海外販売に関する条項
④商品化権に関する取り決め
⑤TBS側からのこの書類の修正変更についての条項
　など、二十数項目の基本契約書であった(のちに本数は13本から28本に修正変更された)。

■『アンバランス』から『ウルトラQ』へ
　契約書が交わされ9月末には『アンバランス』はクランクインする。それから間もなく10月10日に東京オリンピックが始まり、10月19日からの体操競技での日本選手の活躍めざましく、その演技"ウルトラC級"の美技は多くの賞を獲得したので、テレビアナウンサーの"ウルトラC""ウルトラC"と連呼する声が流れることになる。
　そこで『アンバランス』は『ウルトラQ』とタイトルを変更することになる。"Q"はQuestionのQ。変更したタイトルは商標登録が済むまで外部には伏せられた。この『ウルトラQ』は、準備中のアニメ『オバケのQ太郎』とQQ路線を形成しようという頭のいいアイデアでもあった。(『オバケのQ太郎』はやがて、『ウルトラQ』につづく7時30分から放送されることになる)
　TBSと円谷プロの間で新企画の準備が進められている昭和39年(1964)春頃、私は連続テレビ映画『いまに見ておれ』のプロデューサーの仕事をしていた。小学校出の鉄道マンが、新宿駅長まで出世するという剣持鉎太郎原作を青島幸男の主演で、その年の5月9日から8月1日までの放送(13回)に向けて制作していた。国際放映への発注で、監督はTBS映画部在籍の円谷一。
　その円谷一と会うたびに、その頃話が進められていた特撮企画について「TBSから円谷プロへの申し入れは意見のまとまりが全くなく、多くの人のバラバラの意見で円谷プロは困惑している。担当者が誰かも明確ではないらしい」と彼はこぼしていた。

　その『いまに見ておれ』の放送が8月で終了。夏休みを取って出社した私に映画部長から声がかかり、円谷プロへ発注している特撮もののプロデューサーを担当するよう指示を受けた。契約書も交わされ、クランクインも目前という時期の話

であった。私は、それまで社内のS氏がこの企画の担当とばかり思い込んでいた。ある印刷物にもS氏の名前が掲載されていたのを見たことがあったからだ。S氏に確認すると一、二度それについての会議に顔を出したことはあるが、正式に担当を言われたことはないということであった。明確な担当者不在というのは事実であったのか。私が担当することになってからも誰からも引き継ぎはなかった。ミステリーゾーンの中で私はこの企画を引き受けることになる。
（この稿を書くに当たり、改めてS氏に電話して当時のことをもう一度確かめると、氏は全てにおいて全く記憶がないということであった）

私はこれまでのイキサツを思い出し、今後TBSからの発言や注文は、当然私を窓口にするよう注文を出し、確約を得たのち編成部をはじめ各部課の担当にその旨話をして了解を得た。そして、円谷プロに赴いた。円谷英二氏に挨拶をし、市川利明支配人、金城哲夫企画脚本担当に「今後は要望があれば私一人を窓口にしてほしい。TBS側からの注文や意見は全て私を通すことにするからよろしく。私以外からそちらに注文があったらただちに私に話をしてほしい」と要請を行った。市川支配人は、窓口がはっきりしたことを喜んだ。

企画書、契約書、すでに出来上がっていた脚本を何本か読むうちに、おぼろげながらわかってきたことがあった。

いくら事前制作といっても、大体の放送枠、スポンサーの見当、対象とする視聴者層を想定しない番組の作り方では全てにおいてアヤフヤで制作内容の方向性も定まらない。早く放送枠を見定めないといけない。早速、編成部、営業部を取材して歩いた。ある意見は夕方7時台、8時台を。ある人はもっと深い時間帯をという人もいた。私の強引な問いかけで少しずつ真剣に考えてくれるようになった。『隠密剣士』の終了時期は明確ではないが、その後継番組としてはどうだろう。制作発注費も高額な番組だから、視聴者が多いゴールデンアワーを狙っていく方向が正しい。日曜夜7時の30分なら特撮ものを受け入れる余地は充分ある。QQ路線を想定したイキサツもあるのだから日曜7時を狙うべき。

武田薬品枠ということならと思い、武田の広告代理店（『隠密剣士』の制作会社でもあった）の知人に電話を入れ探ってみる。「『隠密剣士』はあと1年位はという話はある。TBSからその後についてはまだ具体的な説明はない。武田ともその後については何の話もしていない。いずれTBSの営業からでも情報が入ってくると見ている。ただ、武田薬品の若手宣伝部員は、TBSが円谷プロと特撮ものを制作していることを何故か知っている」

■ SF路線から怪獣路線へ

事前制作というカッコいい看板を掲げて、放送時間も提供も考えずに始めた企画も風船のような浮遊的、無重力のような状態から少しずつ固まってくる時期が段々にやってきたのは昭和39年（1964）秋も深まってきた頃であった。制作本数も13本から28本に増えてきた時期でもある。日曜日夜7時を想定して番組作りを進めていく雰囲気がかなり鮮明になり始めた。営業からも武田製薬への説明時期を考えたいと連絡してきた。当時は、ほとんどの番組が1社提供で、そのスポンサーへの説明も重要な仕事の一つであった。

昭和39年（1964）の晩秋のある日、私は世田谷区砧の東宝撮影所へ急いだ。円谷プロの市川支配人から「何本かのフィルムが形になったので見てほしい」と連絡を受けた。当時、円谷プロは東宝撮影所の中にあった。

試写室に円谷英二氏も待っていた。並んで試写を見た「マンモスフラワー」「変身」「悪魔ッ子」「宇宙からの贈りもの」など完成品に近いもの、ラッシュも含めて何本かを立て続けに見た。「どうですかね」と円谷英二氏の声にあまり答えず、その日は撮影所を辞した。翌日、再び円谷プロの事務所に赴いた。市川支配人と金城氏に私の感想を述べた。

「企画書の通り、『アンバランス』の種々の型を内容としていて色々の観点からそれを投影している。その意味ではバラエティに富んでいる。宇宙もの、怪奇もの、怪獣もの。放送時間はまだ未定だが、日曜日の7時枠が有力と私は見ている。そ

の時間枠となると子供も見るということが想定される。そうなるとあまり難しいテーマの怪奇もの、コワイもの、SFものはどうかなと思う。それらの難解さ、暗さ加減が気になる。一本一本は特色があるがシリーズものとしての統一感に欠けている感あり。日曜7時枠の『隠密剣士』のあとと考えると、その高い視聴率を維持することを考えると、いわゆるSF路線は評判を呼べないように思う。しかし、怪獣ものは、物語が簡単でわかりやすい。興味も引きやすい。ドキドキ感が十分あり子供も十分楽しませることができる。ユーモラスな怪獣も出現すれば魅力あるものになる。いまの企画書の中にも、怪獣ものという設定はあるのだから、あまり手を広げず、怪獣ものに特化してシリーズとして成立させた方が得策だ。ゴジラ、モスラなど手がけた円谷さんのイメージも反映できる。円谷プロとしてもTV第1作としてこの方向で行けば評判となり高視聴率も夢でないと思う」

「怪獣路線でいこう」と市川支配人、金城氏に迫った。二人はある程度ショックを受けているふうであった。市川氏は一言「オヤジさん（円谷英二氏）に話をしてほしい」

それから2、3日して市川支配人から電話。「明日、料亭つきぢ田村でオヤジさんが待っていますので」

翌日、赤坂から築地へ急いだ。

円谷英二氏と二人っきりで向かい合い、私が説明した大要は次の通り。

①事前制作ということで進めてきた企画『ウルトラQ』は、日曜日7時から30分枠にほぼ決まりそうである。武田薬品提供、『隠密剣士』の後番組となりそうである。

②日曜7時の枠だから、子供も見る家庭的な番組が要求されているので、難解な、暗い、手のこんだ理屈ものは敬遠されると思っていい。

③『隠密剣士』は視聴率も高いので、次の企画もそれを維持出来るものが求められる。

④それらの観点から、怪獣ものに特化したものであれば話は単純明快で、ストーリーを理解しやすいし、ハラハラ度も十分味わえる。手応え十分であろう。

⑤TBSとしても、円谷さんの名前を出しての作品だから、当たらないと困る。

⑥怪獣路線として作品を作ってもらえれば、当方としてはあらゆる媒体を使ってその宣伝がやりやすく、大ヒットをもたらすべく全力をあげる。

以上のような話をして、是非怪獣路線で通したいと力説した。円谷英二氏も了解してくれた。

翌日、市川支配人と金城氏に、円谷英二氏に話した内容を説明しようとしたが、すでに二人とも円谷氏から話を聞き、私の提案した路線で行こうと円谷プロサイドも決意した旨連絡があった。

怪獣路線を押しつけた形の私の責任は重大であると自責せざるを得なかった。

それからの円谷プロは大変であった。これまで依頼していたミステリーもの、怪奇もの、スリラーものの脚本はキャンセルすることにし、ロケハンを済ませていたものは中止し、撮影途中での一部フィルム破棄も行われ、脚本の別途発注の必要も出てきた。

それからの数週間の間に、何回金城氏と話し合ったことだろう。連日対論を重ねる中、私は次のような要望を伝えた。

①怪獣については金城氏はじめ円谷プロに全面的に任せる。是非怪獣に名前をつけたい。名称も任せる。怪獣の出現の有りようにバラエティを持たせてほしい。こわい怪獣もいれば、ユーモラスなトンマな怪獣も時にはほしい。

②怪獣路線だといっても怪獣の形や出現の仕方、戦いのあり方などが大事なのは当然だが、重要なのはその前後のストーリーだ。子供も楽しめる物語を作る努力をしてほしい。

③怪獣と対峙する人間には、積極的、元気のよい人達が望まれるだろうが、その前後の物語では、できるなら人間の愚か

さ、弱さ、人間の悲しみ、頑固さなど裏側を描き出すストーリーがほしい。
　④荒唐無稽より奇想天外が望ましい。
　⑤薬品を使っての怪獣の誕生、対決は避けてほしい。
　⑥宗教、教育の問題は、取り上げ方によっては誤解を招きかねないのでストーリーの中では扱わないこと。
　⑦作品の海外販売が想定されているが、そうかといって、それを意識し過ぎて海外に媚びるようなセリフやシーンは必要ない。看板なども普通な扱いでいい。英語の文言などにこだわることは考えないでもらいたい。

■『ウルトラQ』の大宣伝作戦と「ウ連協」
　昭和39年（1964）の晩秋からSF的アンバランス調の脚本は全てお蔵入りとなり、怪獣路線に相応しい脚本が金城氏のもとに集められ、それが具体化していった。私の方で脚本をチェックして書き直しを要求することも、撮影済みのものを一部手直しすることもタマにはあったが、私が想定した怪獣路線は順調に軌道に乗り、個性ある作品が次々と生まれていた。
　初期には東宝系の監督に頼っていた時期もあり、シリーズの雰囲気を形成していった時期もあったが、TBSからも円谷一、飯島敏宏、中川晴之助、樋口祐三ら、スタジオドラマのディレクターも監督陣に加わり、テレビ的要素を取り入れて、それぞれ特色のある作品を創り始めていた。（のちに実相寺昭雄もこのシリーズの監督陣に加わる）
　昭和40年（1965）夏前に、私は大阪に出向き、武田薬品本社を訪ね、矢野宣伝部長ほかに番組の内容を説明し、何本かの試写も行った。そして『ウルトラQ』は昭和41年（1966）1月放送開始と決定を見た。
　特色のある番組内容であるため、効果的な番組宣伝をする必要がある。一人二人の思いつきでは限度がある。広い知恵を借りたいと思い、TBS番組宣伝部の狩野、大塚両氏と語らい、「ウルトラ連絡協議会」を立ち上げることにした。メンバーは円谷プロ、スポンサーからの武田薬品、代理店の宣弘社、番組宣伝部の二人。それらのメンバーが集まっては制作情報の共有、宣伝方針の討論、各方面の協力依頼、など相談していく仕組みを組織した。このウ連協（略称）は、日本各地で開かれる怪獣ショーのぬいぐるみの貸し出しスケジュール調整などでも能力を発揮することになる。（ぬいぐるみは深夜の航空貨物便で日本全国を飛び回った）
　私は山手線の全車両の中吊りに『ウルトラQ』の文字だけを白い紙に書き、放送局名もスポンサー名も放送時間など一切書かないで出そうかと思ったが、予算面で実現しなかった。
　地方のネット局の協力を得て、その地元の新聞記者を呼んで現地試写会を開催した。私は大阪と福岡へフィルムを携行した。「宇宙からの贈りもの」「五郎とゴロー」「マンモスフラワー」などを持ち込んだ。（福岡行の航空機はYS-11であった）大阪では、試写会のほかに、生の情報番組で紹介するということで呼ばれたので、円谷プロの金城哲夫氏を同道して彼に番組の内容を紹介するコーナーに出演してもらった。
　多くの少年少女雑誌を買い込み、それらの誌上の懸賞欄や投書欄に掲載されている子供の住所に、番組名の入った宣伝用ハガキを送った。宛名書きは私一人で行った。

■新聞雑誌上の『ウルトラQ』記事
　TBS番組宣伝部では、狩野嘉次、大塚陽吉が中心となって、新聞雑誌記者を撮影現場に同道案内することを積極的に行った。昭和40年（1965）秋から、新聞雑誌の誌面に『ウルトラQ』の文字と写真が載る頻度が驚くほど増えていった。その当時の新聞の記事の見出しと掲載紙名、日時を次に並べる（昭和40年（1965）11月以降のもの）。

●「ウルトラQ」順調な仕上げ〈東京新聞11.1〉
●特撮の怪獣・テレビに進出〈日本経済新聞11.10〉
●ど胆抜くアイデア・TBSの「ウルトラQ」〈東京中日新聞11.12〉
●初のTV特撮映画「ウルトラQ」奇想天外な怪獣ぞくぞく　新兵器で縦横のトリック〈東京タイムス11.2〉
●怪獣オンパレード——落語的怪獣も　新春からスタート「ウルトラQ」〈読売新聞11.15〉
●完成！「ウルトラQ」地球人と戦う怪獣たち　多角獣など20数種が登場〈毎日新聞11.17〉
●「ウルトラQ」いよいよ正月から…　珍獣怪獣を主役に一年がかりで制作〈テレビガイド11.22号〉
●テレビで初の特撮「ウルトラQ」登場　珍怪獣お目見得〈スポーツタイムス11.23〉
●怪獣のファッションショー〈週刊平凡11.25号〉
●二十二種の怪獣「ウルトラQ」　特殊撮影に自信満々の円谷英二監督〈毎日新聞12.3〉
●海底から宇宙から二十三種類の怪獣が登場　テレビで楽しめる本格的特撮もの〈東京新聞12.4〉
●商魂！　CMつきで新番組をPR　TBSテレビ"ウルトラQは怪獣の世界"〈サンケイ新聞12.9〉
●びっくりしちゃったなぁもう　面白さと制作費もウルトラ級「ウルトラQ」〈テレビガイド12.10号〉
●二十二種類の怪獣が登場　初の特撮テレビ映画「ウルトラQ」〈サンデー毎日12.12号〉
●凶暴・怪光線・TBS「ウルトラQ」怪獣ぞくぞく登場〈東京新聞12.20〉
●奇想天外な怪獣・顔みせの会合で熱演〈東京中日新聞12.20〉
●奇想天外な怪獣らが大熱演「ウルトラQは怪獣の世界」〈東京新聞12.25〉
●怪獣スターがぞくぞく「ウルトラQは怪獣の世界」〈サンケイ新聞12.25〉
●正月から登場・連続空想TV映画「ウルトラQ」　怪獣などが大あばれ・ナメゴンなど23種類も〈新潟日報12.25〉
●二十三種類の怪獣　奇抜な空想の産物＝お正月から登場〈徳島新聞12.26〉
●話題の怪獣シリーズ「ウルトラQ」登場　特殊撮影でスリル満点〈毎日新聞12.29〉
●新番組「ウルトラQ」「宇宙からの贈りもの」〈週刊テレビガイド12.31号〉

■『ウルトラQ』放送直前
　12月上旬、TBS社員の子供たち数十名を、当時あったTBSホールに集め、「宇宙からの贈りもの」「五郎とゴロー」「マンモスフラワー」の試写会を行った。子供たちの目は爛々と輝き、試写後ナメゴンがステージに登場すると興奮は極に達し、ほとんどの子供が声を上げてステージにかけ上がり、ぬいぐるみに触った。
　12月25日（土）午後、15分番組で「ウルトラQは怪獣の世界」と題した予告篇を放送した。晴乃ピーチク・パーチクを狂言廻しに使い、いくつもの怪獣を出演させ紹介した。怪獣路線であることを強調するダメ押しの宣伝企画であった。

☆昭和40年（1965）の暮れに私には一つの大仕事が待っていた。27本（「あけてくれ！」は怪獣路線から一番遠いと判断したので最初の放送の中では外すことにしていた。再放送では利用した）の放送順番の決定であった。27本の作品名を短冊に書き、怪獣名、山のものか海のものか、出演者の服装が夏服か冬のものか、都会ものか田舎ものか、それを同傾向のものが続かないようにうまく並べ、怪獣ものを前半に、SFもの、怪奇スリラーものは後半にと、連日その短冊を眺めながら悪戦苦闘の日々を過ごした。一度決めてはやり直し、仮の放送順を発表したあとも修正したりして、二転三転した。（放送が始まってから航空機事故があり、予定していた飛行機の出る回を延期したりすることもあった）

　初放送の日が決まっても、私には何かモヤモヤが残っていた。「怪獣ものとして最後の最も有効な決定打はないものか」

と毎日考えた。あることを思いついた。それは、毎回毎回、その回に登場する怪獣の名前を番組冒頭で紹介すること。出来上がったフィルムにはそれはない。オンエアの時に、フィルム素材にそれをのせて処理するしかない。
『ウルトラQ』のタイトルがグルグル回って現れる。石坂浩二のナレーション。その後に、その回に登場する怪獣の名前を、放送時にナマのテロップを入れて紹介することであった。スーパーインポーズ形式で怪獣名をオーバーラップ。怪獣名を先に教えることで怪獣路線を強調し、いやが上にも興奮をかき立てようと企てた。番組はこれで完成した。
(のちにある監督が、われわれが作ったフィルムは完成品ではなかったのかと発言したと聞いた)
昭和41年(1966)1月2日、日曜日、午後7時『ウルトラQ』第1話は放送された。その視聴率は30％を超えた。2回目も、3回目も30％を超えた。関西地区では40％に近かった。手塚治虫氏も注目しているという話が伝わってきた。

■『ウルトラQ』の後継番組は
昭和40年(1965)秋。『ウルトラQ』の放送枠も決定し、完成した内容も面白いものが出来上がり、視聴率的にも自信が持てるようになっていた私は、早々と『ウルトラQ』に続く次の企画を考えなければと思った。それは『ウルトラQ』とつながりを持った上に、新機軸を打ち出す必要がある。円谷プロ市川支配人と金城氏にその話をした。両人は最初驚いたふうであった。『ウルトラQ』の放送前だから当然のこと。私は言った。「『ウルトラQ』は必ず当たる」「27本はアッという間に終わる」「早く企画を立てて準備しないと間に合わなくなる」「今度は事前制作というような悠長なことではなくなる。7月放送に合わせて急がねばならない」「円谷プロとしても年内に大体の方向を決め、年明けにはその考えを聞かせてほしい」「私も考える」

昭和41年(1966)の新春が明けて1月2日、『ウルトラQ』初回が放送された。快進撃の予想が的中した。

新年早々、円谷プロの市川支配人と金城氏を赤坂TBSに呼び出し、次企画について意見を交換した。私からの提案は次の通り。
①怪獣路線はそのまま継続する。
②『ウルトラQ』では三人のレギュラー(万城目、一平、由利子)だけが怪獣に出会うという設定はムリがありオカシイので、それは踏襲しない。
③その代わり、怪獣に対応するなにかのグループを設定したら。軍隊でも、警察でも、または制服を着用した特別班チームでも。
④新機軸として、ヒーローを設定することはどうだ。そのヒーローが視聴者に親近感が持てるように。

■『ウルトラマン』への道
私の概略のアイデアを金城氏はどんどん膨らませていった。科学特捜隊の設定、その中の一人にヒーローを作る。宇宙人ではどうか。その人物の変身。ヒーローが活躍する時間をある程度制限すること。30秒、1分、3分、5分どのくらいにしたら切迫感が出るか。

金城氏が最初に持ってきたヒーローの名は「ベムラー」。円谷プロのデザイナーが描いたデザインも付いていた。「からす天狗か」と私は即座に言った。ムサクルしい古風なデザインはダメだ。もっと現代的ヒーローでなければ。

次に提案してきたのが「レッドマン」。少しモダンになってきたが、ヒーローとしては弱い。シャープさがない。明るく、現代風に、もっとメタリックに。主役のヒーローが少しずつすっきりとした像に変わり、メタリックな型に収まりつつある時期、私は(あるヒントを基に)私なりに考えたアイデアを金城氏に話した。
①ウルトラという言葉はそのまま引き続き使用して継続性を持たせたい。
②タイトルの最後に「ン」の字を付けるとヒットする伝統を利用する。
③ウルトラ＋「ン」ということになれば、当然「ウルトラマン」となる。

私たちはタイトルを「ウルトラマン」と命名したあと、そのデザインも決定したが、対外的には商標登録の手続きが終わるまで秘密とし、当分は「レッドマン」の名称で通すことにし、金城氏は「レッドマン」のタイトル名で企画書をまとめた。
(樋口祐三監督が最近「新企画のタイトルはウルトラマンにするからね」と私から早い時期に告げられたと話をした。TBS出身の監督連中には早くに題名を密かに伝えていたのかもしれない)

脚本執筆も進み、配役の話になった時、『ウルトラQ』との連続性からレギュラーの出演者を誰かを残すことを提案し、それを桜井浩子に決めた(スピンオフという方法をとった)。そして、テレビに馴染みのない配役予定者を見て、少しはテレビ出演の経験のある石井伊吉(のちに毒蝮三太夫と名乗る)を入れるよう提案した。

春には『ウルトラマン』を新聞雑誌の記者に発表すると同時に、文具や運動用具関係会社のための発表会も開催し、『ウルトラマン』の商標の使用について説明した。

『ウルトラマン』クランクインの知らせを市川支配人から聞いた私は、新しい勝負の時と奮い立つ想いであった。

7月には、杉並公会堂から「ウルトラマン子ども大会」と銘打って前夜祭風に特別番組を中継した。円谷英二氏をはじめ科学特捜隊をステージに上げ、気勢をあげた。構成演出を実相寺昭雄に担当させた。

7月17日から、あの『ウルトラマン』第1話がカラー放送で全国の空へ飛びだしていった。
〈終〉

■あとがき
あとがき①
後年、円谷プロ市川支配人がインタビューに答えて、ウルトラシリーズのヒットの功労者として、私の名前をあげて評価しているのを見た。ある本の裏表紙で。
あとがき②
円谷プロを昭和43年(1968)に辞めた金城哲夫氏は故郷の沖縄に帰り、地元のTV局で情報番組のキャスターを務めたり、海洋博の仕事に携わったり、また、琉球の古語を使い何本かの沖縄芝居の戯曲を書いた。その一篇に、島津藩の圧政に苦しむ琉球島民に対して、ただ一人温情をもって接する薩摩のサムライの名前に、私の姓をつけていた。
あとがき③
「ウルトラマン」という言葉が、わが国の国語辞典に初めて掲載されたのは、平成20年(2008)1月に発売された岩波書店の『広辞苑』第六版である。この版には、同時に"円谷英二"も初登場した。

栫井 巍 (かこい たかし)
昭和27年(1952)東京放送(TBS)入社、ラジオ・テレビの多くの番組の制作演出を担当。昭和39年(1964)から『ウルトラQ』『ウルトラマン』『ウルトラセブン』のプロデューサー。その後大橋巨泉の『お笑い頭の体操』、池内淳子のドラマ『色はにおえど』、若尾文子のドラマ『キンキラキン』の制作。昭和58年(1983)緑山スタジオシティ常務取締役などに就任。

写真が残した空想特撮の世界

　TBS系放送、円谷英二監修の空想特撮シリーズ『ウルトラQ』と第2弾『ウルトラマン』は、放送開始から半世紀を迎えた。これらの映像はフィルム撮影のテレビ映画であったために、今日でも映像ソフト、放送、ネット配信などによっていつでも観ることができる。さらに撮影風景を写した写真もシャッターを押した、その一瞬を残して今に伝えている。『ウルトラQ』は28話、『ウルトラマン』は39話の映像が残され、NGカット、予告編などを除けば、この全67エピソードの1コマ1コマに空想特撮シリーズの全てが凝縮されていることは明らかだが、写真に関してはどれだけの数が撮影され、残されているかは未だに全貌がつかめていない。

　テレビ番組の写真は、番組宣伝に使用されるものがほとんどで、それ以外は雑誌、新聞などマスコミが撮影するくらいだった。制作プロダクションでもスチールマンを入れて撮影するが、放送局の番宣写真として納品する場合も多い。『ウルトラQ』は、放送開始日も決まらぬまま1年以上撮影が継続し、各話の番宣写真もTBSのスチールマンによって粘り強く撮り続けられていた。それが功を奏したのは放送直前の報道だった。毎回登場する20体以上の怪獣の写真が一堂に会し、番組宣伝に大きな威力を与えたのである。記者発表会では複数の怪獣がマスコミによって撮影され、その写真もまた特撮場面とは別の衝撃を与えた。

　やがて人気スターが芸能誌を飾るように、TBS以外のテレビ局が特撮テレビ映画に乗り出した頃には、少年雑誌の特写が頻繁に行われ、表紙・グラビアなどを怪獣のカラー写真が賑わしていく。さらに特撮テレビ映画が、それまでのアニメと同等か、それらを上回るマーチャンダイジングが期待できることから『ウルトラマン』の放送途中から怪獣の三面写真をカラー撮影するようになった。怪獣人形が"本物"に似はじめたのもその時期からである。

　空想特撮シリーズはもちろん、各社の特撮テレビ映画もまた、一般のテレビ番組とは比較にならないほど多くの写真が撮影された。これらの写真はテレビ番組という性質上から放送期間を過ぎると処分される運命にあったが、空想特撮シリーズからウルトラマンシリーズへと発展した映像は、その息の長さから放送当時の写真が重宝され、今日でも目にすることができる。

　また『ウルトラQ』『ウルトラマン』においては、スタッフ、キャストなど関係者を中心とした個人スナップも多く残されている。それらは宣伝や商品とは目的が異なり、ウルトラの歴史の瞬間を別の角度から収めたもう一つの空想特撮写真である。本書にも収録している特撮班のキャメラマン、特技監督として活躍された高野宏一さんのプライベートスナップの一部などは、現在、円谷プロのアーカイブに収蔵され、オフィシャルスチールとして各社に貸し出され、多くの人の目に触れている。

　本書では新たに発見された初公開写真も含む当時の関係者から提供していただいた貴重なプライベートスナップを中心に、番宣写真、マスコミ写真とともに『ウルトラQ』『ウルトラマン』の現場を限りなく再現した。そのため、収録エピソードに偏りがあることを御了承頂きたい。

　掲載順は主に制作順を基本としているため放送順とは異なる。制作順は企画、台本、撮影、完成の順番が異なるため諸説考えられるが、円谷プロダクションよる総合的な判断に基づいた。

本書の編纂にあたり、以下の方々に取材、写真提供のご協力をいただきました。

飯島 敏宏
プロデューサー、監督、脚本家。『ウルトラQ』『ウルトラマン』では脚本と監督を務める（脚本は千束北男名義）。当時はTBSディレクターで、TBS側からの参加。『ウルトラマン』の後に木下恵介プロダクションの立ち上げに参加し、プロデューサーとして活躍。木下プロダクションの社長、会長も務めた。代表作には円谷プロ10周年記念として制作された『怪獣大奮戦 ダイゴロウ対ゴリアス』がある。

上原 正三
脚本家。当時の円谷プロ文芸部員。金城哲夫と同じく沖縄出身で、金城を手伝いながら『ウルトラQ』で脚本家としてデビュー。『ウルトラマン』『ウルトラセブン』で多くの脚本を執筆する。円谷作品のみならず、アニメや東映ヒーローものなど、子供番組を幅広く手がけている。代表作には『がんばれ!!ロボコン』『秘密戦隊ゴレンジャー』『宇宙刑事ギャバン』などがある。

佐川 和夫
キャメラマン、特技監督。『ウルトラQ』では特撮の撮影助手、『ウルトラマン』では特撮の撮影技師として活躍。『ウルトラマン』で撮影から特技監督になった高野宏一との名コンビで作品を支え続けた。後に『マイティジャック』で特技監督となり、『帰ってきたウルトラマン』以降のウルトラマンシリーズなど数多くの作品を手掛けている。『極底探険船ポーラーボーラ』など海外合作も多い。

池谷 仙克
美術監督。『ウルトラマン』より美術助手として参加。特撮セットの図面や、特撮セットのセッティングなどを行っていた。『ウルトラセブン』の後半からは怪獣デザインも担当。後に実相寺昭雄監督のコダイグループに参加し、数多くの作品を手掛けた。本書の取材の後、2016年10月に永眠。最後まで現場に関わっていたそうだ。代表作には『シルバー仮面』『曼荼羅』『帝都物語』などがある。

稲垣 涌三
キャメラマン、撮影監督。『ウルトラQ』『ウルトラマン』では撮影助手を務めた。『マイティジャック』で撮影技師となり、『怪奇大作戦』で活躍。独特なカメラアングルが多用される実相寺作品に参加した。代表作には『怪獣大奮戦 ダイゴロウ対ゴリアス』『無常』『曼荼羅』などがある。現在は日本映画撮影監督協会事務局長を務めている。

倉方 茂雄
機電。『ウルトラQ』『ウルトラマン』『ウルトラセブン』では、怪獣を電飾したり、ぬいぐるみに様々な仕掛けを組み込む「機電」という役職で活躍。単に電球を仕込むだけではなく、独自設計のギアで宇宙人の目を回転させたり、移動電飾で発光部をリレーさせるなど、様々なアイデアで怪獣たちに生命を与えた。ウルトラマンのカラータイマーも手掛けている。

西條 康彦
俳優。『ウルトラQ』ではレギュラーの戸川一平を好演。コメディリリーフという役どころで作品を支えた。当時は東宝所属で、本多猪四郎監督の本多組の常連として『妖星ゴラス』『フランケンシュタインの怪獣 サンダ対ガイラ』『怪獣総進撃』『緯度0大作戦』などに出演。杉江敏男監督の『社長シリーズ』『若大将シリーズ』でも活躍した。

津沢 彰秀
俳優。『ウルトラQ』『ウルトラマン』では子役として活躍。『ウルトラQ』では「鳥を見た」のゲスト三郎少年、『ウルトラマン』ではレギュラーとしてホシノ少年を演じた。代表作には山本薩夫監督の映画『氷点』、中川信夫監督の『粘土のお面』より かあちゃん』、テレビでは『チャンピオン太』『柔道一代』『小さな目』などがある。

黒部 進
俳優。『ウルトラマン』レギュラーのハヤタ隊員役。当時は東宝所属で、本多猪四郎監督の特撮ものや、丸山誠治監督の戦記ものなどに出演。同じ東宝の二瓶正也（イデ隊員役）と仲が良かったそうだ。『水戸黄門』『大岡越前』『銭形平次』などの時代劇や、2時間ワイドなどのドラマに数多く出演。長女は女優の吉本多香美。タマノイ酢のCMで親子共演が話題となった。

古谷 敏
俳優。ウルトラマンのスーツアクター。その長身と長い指先、そして俳優としての演技が、ウルトラマンを他に例のない独自のヒーローとした。当時は東宝の俳優で、『ウルトラセブン』ではアマギ隊員を演じている。後にビンプロモーションを設立し、『突撃!ヒューマン!!』のアトラクションショーなどを企画した。

桜井 浩子
俳優。1961年オール東宝ニュータレント1期生で東宝入社。『河のほとりで』『青べか物語』『社長外遊記』等に出演。1966年『ウルトラQ』江戸川由利子を好演。続く『ウルトラマン』ではフジ・アキコ隊員役を演じ初代ウルトラヒロインとなった。現在は円谷プロでコーディネーターとして活動中。

弓 恵子
俳優。『ウルトラマン』では第7話「バラージの青い石」でゲストの神官チャータムを演じた。大映の映画で活躍したのち、フリーとなって現代サスペンスや時代劇など多数のドラマに出演している。特に悪役では、その美貌と演技が相まって強烈な印象を残す。代表作にはテレビドラマ『これが青春だ』などがある。父は俳優の潮万太郎。

金城 裕子
円谷プロの文芸部室長・金城哲夫の妻。金城哲夫は『ウルトラQ』『ウルトラマン』をまとめ上げたメインスタッフ。沖縄出身で、その明るい人柄からスタッフ・キャストから慕われていたという。惜しくも1976年に亡くなった。妻の裕子さんは、現在も金城哲夫の実家である料亭・松風苑を営んでいる。

金城 和夫
金城哲夫の弟。金城哲夫が円谷プロにいた頃は学生で、東京の学校に通っていたことから当時の金城哲夫をよく知っており、その様子を語り継いでいる。沖縄の松風苑の敷地内に残された金城哲夫の書斎を当時のまま保存し、その管理を行っている。

金城 京一郎
金城哲夫の長男で、松風苑を経営。金城哲夫は大変な子煩悩であったことから、『ウルトラマン』で多忙な時期でも長男の京一郎さんを連れて出かけていたそうで、一緒に写っている写真も残されている。

　空想特撮シリーズと銘打ったTBS系放送『ウルトラQ』は、TBSと円谷プロダクションの共同制作のうえに完成した各話30分の連続特撮テレビ映画である。1965年4月から12月まで放送した林真一郎主演の『新隠密剣士』(宣弘社プロダクション制作『隠密剣士』の新シリーズ。3年続いた前作の主演は大瀬康一)の後を受けて武田薬品提供枠から放送された。

　撮影期間は、1964年9月から65年12月までの1年2か月以上。海外輸出も視野に入れ、外国テレビ映画や劇場映画と同等の35ミリフィルム(モノクロ)で撮影。円谷英二特技監督が全話を監修した。毎週異なる怪獣が登場するという国内の特撮テレビ映画では初の試みとなった。

　物語は共通のレギュラーとして星川航空パイロット・万城目淳＝佐原健二、その助手・戸川一平＝西條康彦、毎日新報カメラマン・江戸川由利子＝桜井浩子が毎回単発のストーリーに出演。準レギュラーは、一の谷博士＝江川宇礼雄と毎日新報デスク＝田島義文。ナレーターを石坂浩二が務めた。

　撮影当初は『アンバランス』の題名でSF的、超自然的な題材をテーマにしていたが、早い時期から怪獣ものに切り替えながら2クール目の撮影を契機として怪獣シリーズに徹し、合計28本を制作。そのうち27本が1966年1月2日から毎週日曜日・夜7時のゴールデンタイムに放送され、毎週30パーセント以上の高視聴率を獲得し、大きな話題となり、怪獣ブームに火を着けた。

　放送順はクランクアップした全話を再度検討して決定されたが、2月20日放送の『東京氷河期』が二度にわたる航空機事故の影響で中止となり、3月13日の放送予定も延期され、4月3日に漸くオンエアされた。最終回は、番組開始時の番宣葉書に記載があるように、当初から「206便消滅す」に決定していたが、5月15日の第20話に予定されていた「あけてくれ！」が怪獣の出ない難解なストーリーという理由で放送から外れたため、7月3日に繰り上げて放送。最終回予定だった10日には、前日に杉並公会堂で開催した「ウルトラマン子ども大会」の中継録画を「ウルトラマン誕生」の題名で放送し、新番組『ウルトラマン』の前夜祭とした。

　未放送の「あけてくれ！」は、1967年7月6日(TBS系・毎週木曜日・夜6時、渡辺製菓提供)の初回再放送における第24話で初放送され、数回の再放送を経て最終回となる。初回の再放送では28話分の話数を全面改訂し、第1話が「ガラダマ」、1968年1月11放送の最終話が「悪魔ッ子」だった。『ウルトラQ』は、外国テレビ映画のフォーマットに合わせて各エピソードごとに完結していたため、放送順に縛られることはなく、それぞれが独立した作品に仕上げられていた。空想特撮シリーズ『ウルトラQ』は「テレビ放送を前提とした28本の映画」と解釈してもよいだろう。

■ウルトラQ
● 1966年(昭和41年)1月2日〜7月3日放送 全28話(28話は再放送より)
●制作…TBS　円谷プロダクション
●脚本…金城哲夫(2、3、4、7、8、9、13、16、17、19、23、27話)、山田正弘(5、6、12、14、15、18話)、千束北男(1、7、10、19、26話)、上原正三(21、24話)、山浦弘靖(10、20、27話)、梶田興治(4話)、野長瀬三摩地(20話)北沢杏子(22話、25話)、小山内美江子(28話)、虎見邦男(11話)、大伴昌司(20話)
●監督…円谷一(1、2、3、9、13、17、28話)、中川晴之助(6、12、15話)、飯島敏宏(7、10、18、19話)、梶田興治(4、8、22、25、27話)、野長瀬三摩地(5、11、14、16、20、23、24話)、満田䅈(21、26話)
●特技監督…川上景司(3、4、5、8、11、12、14、22、25、27、28話)、有川貞昌(2、17、18、19話)、小泉一(1、6、9話)、的場徹(7、10、13、15、16、20、21、23、24、26話)

■右頁【『ウルトラQ』第4話（制作1話）「マンモスフラワー」特撮スナップ】この話では、都心に出現した太古の巨大植物・マンモスフラワーが、特撮を駆使して描かれた。スナップは上空からマンモスフラワーを見るカットの撮影風景で、引き伸ばした空撮のスチールの上にマンモスフラワーを置いて撮影しているのがわかる（実際の完成画面は左のようになる）。『ウルトラQ』は、全話制作後に放送順を決めたため、制作と放送話が大きく異なっており、これが制作第1話であった。いわばこの写真はウルトラマンシリーズ最古の特撮現場のスナップである。写真は『ウルトラQ』で特撮班（特殊技術）の撮影をしていた高野宏一さんのスチールカメラで撮影されたもの。本書の編集にあたり高野さんが残した写真を改めて確認し直したところ発見された写真で、今回が初出となる奇跡の一枚。クレーンに乗っているのは高野宏一（右）と特撮班撮影助手の鈴木清（左）。中央の帽子の人物が特殊美術の石井清四郎。左端でクレーンに手をかけているのが特撮班撮影助手の佐川和夫。

佐川 最初はスチールマンがいなかったから高野さんが中心となって写真は撮ってたんですね。高野さんは自腹切って、当時のマミヤの一番新しい6×6のカメラを買ってきてね。あと『ウルトラQ』は35ミリで撮ってたから、そのフィルムをスチールカメラ用のフィルム缶に詰めて撮ったこともありましたね。高野さんは、「今から何十年経つかわかんないけど、この写真撮っておいたら役に立つかもしれないぞ」って言ってましたね。こっちは「そうかなぁ、そんなの1年も経ったら忘れられるよ」って笑ってたんだけどね。

　私は学生の頃にオヤジさん（円谷英二）のところに押しかけて、円谷特技研究所に入って、そこから東宝のバイトをしてたんです。当時は東宝だと20年ぐらい下積みするのが普通でしたけど、たまたまオヤジさんが円谷プロ作るからってことで、テレビの方の特撮の現場に入れたんです。その時は高野さんは東宝を離れて共同テレビにいたんだけど、オヤジさんが呼び戻して、そこから私は高野さんと出会って。最初は高野さんと私と（鈴木）清とクリちゃん（撮影助手の中堀正夫）が、特撮の撮影部だったんですよ。

　この写真はビル街のミニチュアが撮れないから一番安上がりなのはってことで。こういう航空写真を売ってるところがありましてね、そこから買ってきて伸ばしたのは覚えてます。当時は白黒のフィルムもASA感度が低くて、セットで撮ると照明が足りなくなるのと、ライトを複数使うと影が一つにならないんで、オープンで撮ったんだと思います。当時の東京美術センター（通称・美セン。『ウルトラQ』と『ウルトラマン』の撮影が行われた撮影所）は、まだ奥の高速道路がなくて、黒澤明監督や稲垣浩監督の時代劇のオープンセットがあったんですよ。今の高速の向こう側が『隠し砦の三悪人』の砦の階段だったかな。これはその手前、のちに高速道路になるあたりでやってますね。このマンモスフラワーはピンク色だったかな。試写の時、TBSの局長でのちに社長にもなった磯崎洋三さんなんかも来てたんだけど、その試写のあとにオヤジさん（円谷英二）が、「こんなのお客さんに見せられません」ってマンモスフラワーの花が開くシーンにダメ出しをして、撮り直しになったんですよ。石井（清四郎）さんが操演的なことをやってて、確かヒモコン、要するにワイヤー操作で、引っ張ると閉じて緩めると開くみたいな作り物で撮ってたんですが、それがNGになって開花シーンをコマ撮りでやり直したんです。

■左頁【『ウルトラQ』第22話(制作2話)「変身」特撮スナップ】巨大なモルフォ蝶の鱗粉を浴び、沼の水を飲んで巨人に変身してしまった男と、その恋人の女性の物語で、特撮を用いて巨人が描かれた。写真は巨人が暴れるシーンの特撮スナップ。巨人は生身の俳優が演じているが、背景となる山のミニチュアセットの精緻さによって、巨大感が際立ったシーンとなっている。中央の巨人は野村浩三。左端のメガネのスタッフは特撮班撮影助手の佐川和夫、右端は特殊美術の倉方茂雄。写真はTBSの番宣スチールマンが撮影したもので、当時は番組紹介で使われた。

佐川　ここはね、元々は美セン物置きになってたようなところで、特撮用にって、空けてくれたんです(特撮用のBステージと呼ばれていた)。幅が4間で長さが10間ぐらいの長細い、狭いセットです。山のセットは東宝の美術の井上泰幸さんが、「おう、俺が作ってやるよ」って来てくれて、二晩かけて作ったんです。家のミニチュアも東宝から持ってきてくれたものですね。『ウルトラQ』の頃はほとんど東宝から借りてました(これは円谷英二が東宝で仕事をしていたのと、東宝が円谷プロに出資していたため。『ウルトラQ』はスタッフキャストも東宝系が多い)。この電線なんかはヒューズの線なんですよ。巨人が暴れた時にプツンと切れなきゃいけないから、普通の針金だとダメなんです。ヒューズ線と小さい火薬を仕込んだだけでうまく切れるようになるんです。キャメラはミッチェルのハイスピードですね。東宝から借りたキャメラなんですが、東宝の真野田陽一という人が当時キャメラマンでいてね、「電気紙芝居だろ、おめえのところに貸すのはこれで十分だよ」って言われてね(笑)。で、これが古いもんだからギアが摩耗しちゃってて1週間に2回ぐらい故障するんですよ。東宝には整備部がありまして、そこに持って行くんですが、「またお前壊したのか、こんなキャメラもう捨ててもらえよ」なんて言われて。それで東宝でオヤジさん(円谷英二)が撮影してるところに行ってね、当時マコトっていう喫茶店が東宝の前にあったんですが、「オヤジさん、すいませんが整備部にマコトのコーヒーを差し入れてもらえませんか」って。それで整備部もコーヒーが来たんなら仕方ないなって直してくれたんです(笑)。

■本頁【『ウルトラQ』第8話(制作8話)「甘い蜜の恐怖」特撮スナップ】この話ではハニーゼリオンという栄養剤で育った地蜂を食べたことからモグラが巨大化。大モグラ(モングラー)との攻防が描かれる。写真は大モグラが襲う汽車と、大モグラが潜む洞窟を取り囲む戦車隊。写真は倉方茂雄さんのアルバムより。

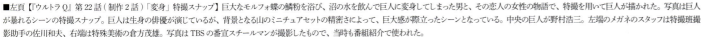

佐川　この撮影(右の洞窟のシーン)の時は思い出があってね。キャメラマンの高野さんとお互いにヘソ曲げてやり合ったんですよ。照明部が、「これじゃ高野さん、暗くて映らない」って言ってるのに、高野さんはキャメラから覗くと明るすぎるから「これでいいんだよ、洞窟なんだからギリギリに映ればいいんだ。おまえのライトはいつも明るすぎるんだよ」って譲らなくてね。高野さんはこの前にニュース映画をやってたんだけど、あれはその場の勘で絞りを変えなきゃいけないんですよ。それで高野さんも普段から自分の手をかざして明るさを判断するんですね。その時も洞窟のところに行って手のひらを見て、「うん大丈夫」だって。そんなふうに照明の言うこと聞かない高野さんを見てたら、撮影助手やってたオレまで高野さんに腹立ってきちゃって、やり合ったんですよ(笑)。それでも清(撮影助手の鈴木清)が、「高野さんがやれって言うんだからやればいいじゃないの」って言うから、高野さんの言う通り撮ったんですけど、ラッシュ見たら洞窟の淵のハイライトがチラっと映ってるぐらいで怪獣なんか全然わからなくてね。「それ見ろ」って言おうと思ったけど、それ言うとまたケンカになるから(笑)。結局、撮り直しました。お互いに険悪になることもなくね。振り返ると何であんなことでって可笑しくなるんだけどね。まあ疲れてたんだろうね、お互いに。今思えば、撮影の時にオレが絞りをチャっと上げちゃえばよかったんだよね(笑)。

■本頁【『ウルトラQ』第13話（制作17話）「ガラダマ」特撮スナップ】この話では宇宙から飛来した隕石（ガラダマ）からガラダマモンスター（ガラモン）が出現。ガラモンがダムを破壊するシーンなどが特撮で描かれた。スナップは、ダム破壊シーンの撮影風景。下の写真の右の人物は特撮班撮影助手の稲垣涌三。写真は倉方茂雄さんのアルバムより。

佐川 これはダムがヒビ割れるところがコマ撮りでね。オヤジさん（円谷英二）にヒビ割れはどれぐらいですかねって相談すると、オヤジさんは、「ピピピじゃなくて、ピピッピピッだ」ってタイミングを教えてくれました。オヤジさんは失敗に対しては厳しいけど、撮影する前に相談しに行くとそうやって教えてくれるんですよ。それでだいたい2秒かなってことでやったんです。元々裏にはヒビが入ってて、美術がこの辺が壊れますと言ってるところにオレと清（鈴木清）がヒビを入れて撮ったんですけど、やり出すと凝り始めちゃって。「ピピってヒビ割れから破片が出るでしょ。そしたらその破片が転がると面白いよね」とか言ったりして、それを操演（ピアノ線でミニチュアを吊る作業や火薬の仕込みなどを担当する特撮スタッフ）が面白がって、「いいですね、やりましょう」ってなったから時間がかかってね（笑）。壊す時には2トンぐらいのドラム缶だかに水を入れて、向こう側から一気に流すんだけど、丈夫に作ってあるからなかなか壊れない（笑）。3回目ぐらいかな、壊れたのは。

稲垣 ここに写ってるのは僕ですね。僕は父親が監督してましたから（稲垣浩監督）、東宝の紹介で、今度円谷さんのところでやるからどうだってことで、円谷プロの契約社員になったんです。映画撮影の経験はなかったんですが、学生の頃から写真が好きだったのでね。入る前に「鳥を見た」（制作6話）の試写を見せてもらって、感動しましたね。こういうものが撮れるならいいなぁと思いましたよ。それで最初は本編についたんです。本編のキャメラマン、内海正治さんの下ですね。「育てよカメ」（制作11話）が最初ですが、一応助手になってるとはいえ、撮影のことなんて何も知りませんでしたからね。数々の失敗をしながら、撮影の仕事を覚えていったんです。この頃は35ミリなんですけど、カメ（カメフレックス）っていう、うるさいカメラで撮るんですよ。シンクロモーターという三相交流のモーターで回すんですが、普通はそんな回し方しないんで、ものスゴイ音がするんです。セリフも聞き取れないぐらいの。『ウルトラQ』は全部アフレコだったからそれでもよかったんですけどね。撮影の思い出といえば、「クモ男爵」（制作13話）の時ですね。あの時は、セットに池を作ったんですが、やっちゃん（西條康彦）が池に落ちるシーンのために1か所だけドラム缶が埋めてあって、そこだけ深いんですよ。それで僕が機材を持って池に入ったら、そこの深いところにズボっと落ちてしまって（笑）。あの時は何人か犠牲者がいて、僕とあっちゃん（記録の田中敦子）と助監督の山本正孝の3人が落ちたんですね。真冬でしたから、もう寒くて寒くてね。僕は「ペギラが来た！」（制作14話）からは特撮の方にいきまして、高野さんや佐川さんにつきました。ペギラが吐く煙は、シッカロールを圧縮空気で出してるんですが、あれを一回やるとキャメラを整備しないといけないんですよ。それで毎日佐川さんがキャメラをあけて整備するのを、助手の僕らは見てるだけになってしまって、それがバカバカしくなっちゃってそっぽ向いてたんです。そしたら佐川さんが怒っちゃってね。「お前、そっぽ向いてるってことはロールチェンジ（フィルムを交換すること）できるんだな、明日からやれ」って言うんですよ。やったことないんですよ、キャメラ触らせてもらったこともないんですから（笑）。しかも特撮って色んなキャメラ使ってて、ミッチェル、アイモ、カメフレックス…。デブリーっていうフランスキャメラまであってね。もう4台ぐらい出るから、それぞれ覚えないといけないわけです。仕方がないんで、その日の撮影が終わってから一人で練習してたんです。そこへ鈴木清さんが本編のロケから帰ってきて、何してるんだって声かけてくれたんですね。いや実は明日からと事情を話したら、じゃあ教えてやるよってことで。机の上にキャメラを並べて、実際は暗箱の中で手探りでフィルム交換するわけだから、僕は目隠しをしてね。鈴木さんにそれぞれのキャメラのロールチェンジのコツを教えてもらったんです。あれは本当に救われました。鈴木さんには感謝してますね。

■右頁【『ウルトラQ』第18話（制作21話）「虹の卵」特撮スナップ】この話ではウランを好物とする地底怪獣パゴスが登場。原子力発電所がある新産業都市で大暴れするシーンが特撮で描かれた。以降の「虹の卵」の特撮スナップは、倉方茂雄さんと佐々木明さんのアルバムより。

■左頁と本頁【『ウルトラQ』第18話（制作21話）「虹の卵」特撮スナップ】左頁はパゴスが破壊する新産業都市のミニチュア。本頁は撮影風景のスナップ。撮影は特撮用のAステージで行われた。左上の写真でパゴスに指示を出しているのが、この回の特技監督の有川貞昌（円谷英二の弟子で、この後に円谷英二を継いでゴジラ映画の特技監督にもなる）。その後ろは特撮班助監督の大木淳吉、手持ちのカメラを持っているのが特撮班撮影の高野宏一。

■本頁【『ウルトラQ』第18話（制作21話）「虹の卵」特撮スナップ】右のスナップはパゴスが崖から出現するオープニングカットの撮影風景。このカットは特撮用のBステージで撮影された。

■右頁【『ウルトラQ』第18話（制作第21話）「虹の卵」本編スナップ】右頁の一連は本編の浅間高原でのロケハン時のスナップ。縦の写真は、合成の参考用として撮られたもので、完成した本編ではロケバスの位置にウランの輸送車が配置され、バックの山に新産業都市が合成されている。右上は本編のスタッフ。中央が飯島敏宏監督、その左後ろが照明の小林和夫、右のハンチング帽の人物が撮影の内海正治。右中の中央の人物は特撮班撮影の高野宏一。右下は休憩中にスイカを食べるスタッフ。夏の撮影であることがわかる。飯島監督の右の人物は本編助監督の満田䄉。

■【『ウルトラQ』第18話(制作21話)「虹の卵」本編スナップ】前頁と同じく浅間高原でのロケハンスナップ。本編ではたんぽぽ団の子供たちが、虹の卵を求めて、このススキの野原を行くシーンが撮られている。

■本頁・右写真と右頁と次々頁【『ウルトラQ』第23話(制作23話)「南海の怒り」特撮スナップ】この話は、南海のコンパス島で巨大なタコ・スダールが暴れる一篇。スダールは東宝映画『フランケンシュタイン対地底怪獣(バラゴン)』に使われた大ダコが流用された。この回は特撮シーンそのものを東宝映画から流用しているカットがほとんどなので、『ウルトラQ』用の新規特撮カットの撮影スナップは、非常に珍しい。写真は当時の美術スタッフのアルバムより。

■本頁より5頁【『ウルトラQ』第12話（制作6話）「鳥を見た」本編スナップ】小鳥から巨大化する怪鳥ラルゲユウスと、三郎少年の交流を描く抒情あふれる一編。三郎少年は、後に『ウルトラマン』でホシノ少年となる津沢彰秀さんが演じている。写真は全て津沢彰秀さんのアルバムからお借りしたもので、ほとんどが初公開となる。左写真の演技指導を行っている人物と右写真の中央は、この回の本編監督、中川晴之助。

津沢 僕はこれの5年ぐらい前から子役をやってまして、この時は小学4年生ぐらいですね。特にオーディションもなくて決まったと記憶しています。円谷英二さんの怪獣ものに出るっていうことは聞いていましたね。ロケバスで丸一日ぐらいかけて移動して、伊豆の下田に泊まり込みで撮影しましたね（撮影場所は伊豆の弓ヶ浜）。この三郎の小屋は撮影用に現地に作ったもので、僕が行った時にはもうできていました。文鳥は、6羽か7羽ぐらいいましたね。文鳥が僕の口から水を飲むシーンは、後から見てよくやったなぁと思いました。別に空いてる時間に文鳥と仲良くしててと言われたわけでもなくて、本番でうまくいったんですよ。あのシーンは鳥が一回、僕の指から離れるんですけど、ちゃんと戻ってきてくれて。子供ですから指から離れたところで慌てそうなものですが、僕は意外と動じないところがありまして（笑）。あと監督にうまくリードしてもらったんだと思います。知らない間に色んなことさせられてた感じですね。実は、僕はこの時は泳げなかったんです。ですから海のシーンは結構怖かったです。写真見ても情けない顔してますよね（笑）。そんなに深くなくて足がつくぐらいのところなんですが、顔つけるのも怖いから、顔を上げて変な泳ぎ方してますね。この時に泳げなかったのがきっかけで、僕はその後からスイミングクラブへ通うようになったんです。それで中学・高校は水泳部で、大学行ってからは中高のコーチもやったんですよ。写真は当時同行していた母が撮ったものですね。佐原さんと一緒に写っているのがありますけど、これなんかは、母が撮らせてくださいってお願いしたんです。お袋は図々しいんですよ（笑）。放送の時はテレビの画面も撮ってましたよ。当時はビデオなんかもないし再放送もやるとか思ってなかったですから。

西條 オレと健ちゃん（佐原健二）と桜井（浩子）は、後から行ったんだよ。確か鳥と引き離されて、津沢くんが車を追いかけるところが、向こうへ着いてからの最初の撮影だね。オレらの撮影は、あとは最後の浜で鳥を見送る夕景のところかな。

桜井 海のシーンは、津沢くんが沖の方に流されないように助監督の人が待機してたんですよね。それで満ちゃん（助監督の満田稑）が、ちゃんと海パン用意してきてたのに、他の助監督が用意してなくて怒られてましたよ。チーフがいてるのにお前らどういうことだって（笑）。この時は中川晴之助監督がすごい時間かけて撮影して、フィルムを膨大に使ったんで、途中で鈴木清さんがフィルムを隠したそうですね（笑）。いまだに中川監督は「鳥を見た」の話になると、「あの時は清がフィルム隠したんだって」と言いますね。

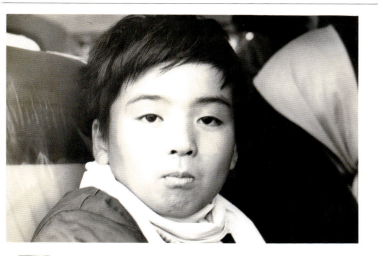

■本頁【『ウルトラQ』第16話（制作25話）「ガラモンの逆襲」特撮スナップ】ガラモンをあやつるチルソナイトを狙ってチルソニア遊星人（セミ人間）が暗躍。ついには東京湾にもガラダマが飛来し、東京で暴れるガラモンが迫力の特撮で描かれた。上は東京タワーに迫るガラモン。左はガラダマの飛来で東京湾が干上がるシーンの特撮スナップ。

佐川 東宝は1/24サイズでミニチュアを作るんですが、我々はだいたい1/32サイズでやってたんですね。なんでかというと東宝はシネスコだから横幅があって、大きなミニチュアで街並みを作っても全部映るんですけど、こっちはスタンダードのテレビサイズで横幅がないから、大きいの作っても画面に収まらないんですよ。あと奥の方は1/100サイズぐらいで作ってました。ですからこのセットは手前が1/32で、奥は1/100ですね。

■右頁【『ウルトラQ』第16話（制作25話）「ガラモンの逆襲」本編スナップ】人間に化けていたセミ人間は正体をあらわすが、計画の失敗によって処刑されてしまう。写真は、処刑されたセミ人間が炎上するシーンのために、セミ人間の合成用素材を撮影しているところ。スタッフの顔ぶれから本編班が撮影をしていたものと思われる。右上の写真、左の帽子の人物がこの回の本編監督の野長瀬三摩地、中央が助監督の鈴木俊継。左下の写真には万城目淳役の佐原健二の姿も確認できる。写真は倉方茂雄さんのアルバムから。

■本頁より3頁【『ウルトラQ』 第24話(制作26話)「ゴーガの像」特撮スナップ】この話では古代アランカ帝国を滅ぼしたという貝獣ゴーガが出現。ゴーガは人が入るぬいぐるみではないため、特撮も苦労が多かったそうだ。3頁目にゴーガと写っている人物は操演の沼里貞重。

佐川 ゴーガは下に車輪を仕込んであるんだけど、なかなかうまく動かなくて苦労しましたね。夜のシーンだから逆ライトにしないと怪獣のツヤが出ないんだけど、そうするとピアノ線がよく映っちゃうんですよ。それで操演の沼里(貞重)に、「見えない線でやってくんない?」なんて言ったね(笑)。ツヤはワンカットごとにヌメヌメしたのを塗ってたんだけど、これ、首のところの素材はウレタンじゃないですか。だから染みちゃってどんどん重くなって、首が上がらなくてピアノ線が太くなっていったんです(笑)。本当に撮影泣かせだったね。

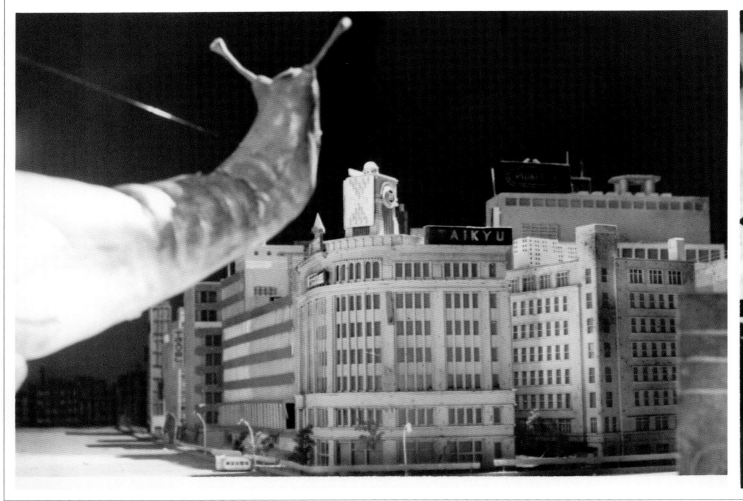

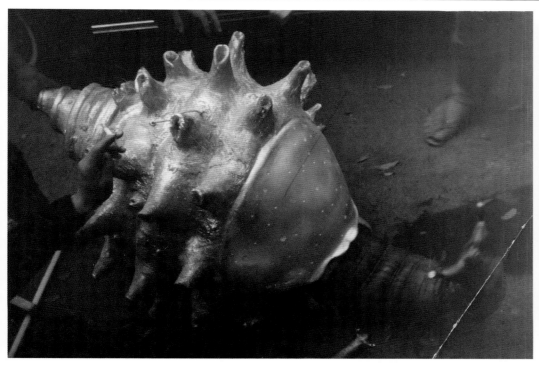

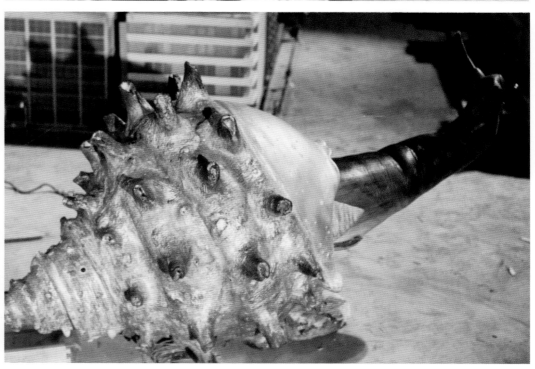

■前頁から本頁含め8頁【『ウルトラQ』撮影会】『ウルトラQ』の放送時期も決まりつつあった頃、1965年11月10日にマスコミ向けに行われた撮影会。制作25話「ガラモンの逆襲」のセットが用いられた。万城目淳役の佐原健二、戸川一平役の西條康彦、江戸川由利子役の桜井浩子、円谷英二、ガラモン、カネゴン、ペギラ、パゴス、ゴーガが登場。『ウルトラQ』は怪獣ものというイメージを強く押し出すため、本編にはないパゴスとペギラが戦う宣伝用カットも撮られた。当時から宣伝用に使われていた写真だが、未公開のものを含め大量のバリエーションが確認されたため、今回一挙に紹介する。

西條 最初の番宣撮影会だね。この時はオレらは特に本編の撮影はなくて、撮影会のために呼ばれたんだよね。衣装は自前でね。ちゃんとした格好して来いって言われたんだよ。今はスーツでも色んなサイズがあるけど昔はそんなになくてね。だから自前で作るんだよ(笑)。

桜井 佐原さんと西條さんはいいもの着てましたよね。私もこれは自前ですね。スタジオが水でびしゃびしゃで、靴が泥だらけになったのを覚えてます(笑)。英二さんは遅れて、あとから入ってきて、おっ、とか言ってたかな(笑)。そんなに話はしてないと思いますね。この撮影会はわりと早い時間で終わって、この後にTBSへ行って、宣伝にオプチカル・プリンターの脇で写真撮りましたよ。

西條 この時は、マスコミはすごかったと思う、質疑応答もあって主に健ちゃん(佐原健二)が応えてたね。怪獣もこの時はじめて見たんだよね。オレはペギラが結構好きだった。

桜井 特撮も本編も同じ美センでやってたんですけど、普段は特撮のスタジオは覗いてなかったので、この時はじめて見た怪獣ばかりでしたね。私たちが知ってたのは絡みがあったり撮影が一緒だったタランチュラとかラゴンとかM1号ぐらいで。

西條 オレはさ、「1/8計画」の時に(第17話「1/8計画」。1/8に縮小された街に佐原さんと西條さんが乗り込むシーンがある)、実際に特撮セットに入ってさ。へたに動いて壊したらマズイから緊張はしたけど、あれはいい経験したと思う。日本人はすごいなと思ったね。こんな細かいミニチュア作るのなんてほかにないよ。何日もかけてさ、気の遠くなる話だよね。作ったスタッフにはホント感謝だよ。

■前頁より本頁含めて5頁【『ウルトラQ』第16話(制作25話)「ガラモンの逆襲」特撮スナップ】マスコミ撮影会の後に「ガラモンの逆襲」の撮影が行われたようで、この時のスナップも当時宣伝に活用された。前頁で寝そべりながら作業をしている人物が操演の平鍋功。本頁の左上と右頁の右の写真で露出を計っているのが撮影助手の佐川和夫。次々頁の左でガラモンの手を取っているのは、助監督の鈴木俊継。

佐川 『ウルトラQ』の時は撮影助手のチーフでしたけど、あの頃はまだ若くて経験もないから毎カットわざわざ露出を測ったんだよね。まあ今振り返るとそんなに測らなくても映るんだよって思うけど、あの頃はラッシュで映ってるとホッとしてましたね。持ってるのはノーウッドの露出計ですね。今はこんなの持ってる人いないんじゃないかな。

■【『ウルトラQ』第16話（制作25話）「ガラモンの逆襲」特撮スナップ】東京に落下するガラダマ（隕石）の撮影風景。左の写真でガラダマに灯油を染みこませているのが、操演の沼里貞重（右）と美術の倉方茂雄。

　TBSは1963年放送開始の『エイトマン』からテレビ漫画（テレビアニメ）に力を入れ、『ビッグX』『スーパージェッター』『宇宙少年ソラン』『オバケのQ太郎』を放送していた。当初『ウルトラQ』には、マーチャンダイジングとしての期待はそれほどなかったが、テレビ漫画のジャンルに含ませることによってテレビ以外の媒体でも児童、幼年層に深く浸透することにも成功している。キャラクター商品もまたTBSアニメに似せたデザインを取り入れ、サントラドラマを収録した各社のフォノシートは、それらに準じたビジュアルの冊子と合わせて放送前に発売されていた。『ウルトラQ』を漫画連載する少年月刊誌が『ウルトラマン』の初公開に添えたコピーには、エイトマンやビッグXの力を兼ね備えたスーパーヒーローであることが強調されていた。時代の寵児となった怪獣に対するウルトラマンは、それまでのテレビ漫画ヒーローをも凌ぐ存在として誕生した。

　『ウルトラマン』は、前作同様にTBSと円谷プロダクションの共同制作、武田薬品提供で放送された。オープニングは『ウルトラQ』のリメイクカラータイトル、続いて『ウルトラマン 空想特撮シリーズ』が打ち出される。それはTBSの広報資料、撮影台本にも記されたタイトル・フルネームの『ウルトラQ 空想特撮シリーズ ウルトラマン』を意味していた。『ウルトラマン』は『ウルトラQ』第2弾と解釈し得る側面を持つ作品だが、海外輸出を前提に外国テレビ映画と互角に戦えるカラー作品のヒーローであることを前面に押し出した。放送は1966年7月17日から翌年4月9日まで全39話となり、円谷英二特技監督が全話を監修。放送当時はテレビ視聴の世帯のほとんどがモノクロだったが、『ウルトラマン』のカラー技術、撮影には細心の注意が払われた。

　出演は科学特捜隊・ムラマツ隊長＝小林昭二、ハヤタ隊員＝黒部進、アラシ隊員＝石井伊吉（現・毒蝮三太夫）、イデ隊員＝二瓶正也に加え、前作でレギュラーだった桜井浩子がフジ・アキコ隊員。科学特捜隊のマスコット的存在のホシノ・イサム少年に津沢彰秀。準レギュラーには岩本博士役で平田昭彦が出演した。ウルトラマンを演じたのは古谷敏。荒垣輝雄、鈴木邦夫、中村晴吉や東宝映画でゴジラを演じていた中島春雄ほか、数人のスーツアクターが怪獣を演じた。ナレーターは前作と同じ石坂浩二だが、途中から浦野光に替わっている。

　第1話は宇宙の悪魔ベムラーを追って地球に来たM78星雲の宇宙人が科学特捜隊のハヤタ隊員の肉体と同化して怪獣を退治。ウルトラマンの活躍が始まる。『ウルトラQ』で人気を博した怪獣に加え、『ウルトラマン』では人類を代表して怪獣と戦う科学特捜隊と、身長40メートルのウルトラマンが登場。1話完結の前作同様に毎週一体かそれ以上の怪獣・宇宙人の出現と破壊、科学特捜隊とジェットビートルなどの人類側からの攻撃、そしてクライマックスには、怪獣とウルトラマンの戦いが描かれた。毎週登場する怪獣もウルトラマンとの格闘のために、全てが着ぐるみとなり、カラー効果を考慮した斬新なデザインの怪獣が続出。毎回倒される怪獣も人気のうえではウルトラマンに勝っていた。バトルステージとなる特撮セットも拡大し、予算、時間ともに『ウルトラQ』とは別の苦労を伴うが高視聴率に支えられ、さらなる人気番組となったことは言うまでもない。

■ウルトラマン
● 1966年(昭和41年)7月17日〜1967年(昭和42年)4月9日放送 全39話
●制作…TBS　円谷プロダクション
●脚本…金城哲夫(1、7、8、10、13、18、20、26、27、29、30、33、37、39話)、山田正弘(3、6、9、19、28、36話)、藤川桂介(5、12、17、24、32話)、佐々木守(14、15、22、23、34、35話)、上原正三(8、38話)、関沢新一(1話)、宮田達男(11話)、若槻文三(25、26、27話)、千束北男(2、16話)、南川竜(4、7、18、19、29話)、海堂太郎(21、31話)
●監督…円谷一(1、8、12、13、26、27、38、39話)、飯島敏宏(2、3、5、16、17、24、25話)、野長瀬三摩地(4、6、7、9、18、19、28、29話)、樋口祐三(20、21、30、31話)、実相寺昭雄(14、15、22、23、34、35話)、満田䄪(10、11、36、37話)、鈴木俊継(32、33話)
●特殊技術(特技監督)…高野宏一(1、4、6〜36、39話)、的場徹(2、3、5話)、有川貞昌(37、38話)

■本頁より7頁【『ウルトラマン』第1回撮影会】大人気を博した『ウルトラQ』の後番組として制作がはじまった『ウルトラマン』。一般マスコミへの初のお披露目となったのが美センにおいて1966年4月1日行われた、この撮影会である。ウルトラマン、バルタン星人、ネロンガ（製作途中でまだ頭部の触覚がない）、円谷英二が登場。また、科学特捜隊の隊員とホシノ少年も登場しているが、巨大なウルトラマンと人物の同居に違和感があったのか、それらの写真はほとんど世に出なかった。そのため、次頁と次々頁のホシノ少年とウルトラマンなどは大変貴重なショットである。今回は守田康司さん（『ウルトラマン』の制作担当者）のアルバムから見つかった未公開のものを含めて紹介する。

古谷 最初の予定では目の下の方を削り、中から外が見えるような透明な粗材で下の部分を作って、それを目の下にはめる予定だったんですよ。ただその細工が間に合わなくて、この撮影会の時に目に穴を開けようってことになったんだよね。この時は急きょ開けたから穴も小さくて、ほとんど見えなくてね。それで倉方（茂雄）さんや沼里（貞重）さんに手を引かれてセットに入ったんですよ。この時のウルトラマンが上の方を見てるのは、僕が目の下の穴から必死に見ようとして、アゴが上がってるからなんですね。その後の実際の撮影の時に、これだと見えないからっていうので穴を少し大きくしてもらったんです。

■【『ウルトラマン』第1回撮影会】本頁までが、第1回の撮影会。この時のネロンガは実際にネロンガを演じた中島春雄さん（ゴジラを演じていたベテランのスーツアクター）とは別の人が演じていたという。ウルトラマンに入った古谷さんも、ぬいぐるみの経験はほとんどなく苦労されたそうだ。

古谷 僕は東宝所属の大部屋俳優だったんですが、俳優って待ち時間が長いから、準備が整って声がかかるまでは東宝の演技事務の2階で待機してることが多くてね。あそこにいると飛び込みで違う組の仕事が入ってくることもあって、日当が2日分になったりするんだ（笑）。そこへ、新野（悟）という、円谷プロの俳優担当がやってきたんですよ。彼は元々は東宝ニューフェイスの15期の一人で、僕や二瓶ちゃんと同期。その時は役者やめて円谷で働いてたんです。それで新野がウルトラマン、TBSで主役だって言ってきたんです。

　僕はその前に『ウルトラQ』のケムール人とラゴンをやってましてね。ケムール人の時は、衣装合わせだって言うからいい役だと思って美センにいったらケムール人で（笑）。僕はああいうの入ったことないから、まさかオレが？ってね。それで着たら、ピッタリ入るんですよ、採寸とかしてないのに。あれは多分何かの陰謀なんですよ（笑）。その時はじめて成田亨さんという方を知ってね。でもその時はちゃんと挨拶なんかしてなくて、ケムール人に入ったところで、いきなり成田さんがスプレーで色塗るんだよ。もう全部出来上がってたから頭もモーターとか入ってて重いところに、さらにシンナーがきつかったのを覚えてますよ。成田さんとしては、人が着て立体になったのを見て塗りたかったんでしょうね。ぬいぐるみに入るっていうのは抵抗あったんだけど、その時は一回きりだと思ったしギャラも多少よかったんでね。ラゴンの時は野長瀬さんが監督なんですが、野長瀬さんは東宝では助監督で『ウルトラQ』ではじめて監督になったんです。僕ら大部屋俳優は監督よりも助監督とやりとりするのが主ですから、野長瀬さんにもお世話になってたんですね。それで今度監督やるからラゴンに入ってねと頼まれて。野長瀬さんの監督デビュー作で頼まれたら断るわけにはいかないなって。このラゴンもまた寸法がピッタリ合ってね。あれは陰謀なんですよ、絶対（笑）。背が高くて痩せててスケジュールが空いてるのは古谷だからっていう、そんな感じだったんでしょ。

　『ウルトラQ』でそんなことがあったんで、『ウルトラマン』で依頼された時は、中に入るのはいやだって最初は断ったんですよ。そしたら「デザインやってる成田さんが敏ちゃん用にデザイン描いてるから、会ってくれないか」って言われてね。それで成城学園の中華料理屋に連れていかれて、その時はじめて成田さんとちゃんと話をしたんですよ。僕からは、「背の高くて痩せたのは神宮のモデルクラブとかにいますよ」って成田さんに教えたんですけど、成田さんは「ケムール人に入ったあれがいい。モデルじゃなくて俳優が入らないとダメなんです」って言われてね。それでもその時は断ったんだ。その後も新野から、なんとかやってほしいって電話がかかってくるんで、祖母に相談したんです。その時に「人から求められてるんならやったらいいんじゃないの」って言われてね。そのひと言かな、やるのを決めたのは。

■【飯島敏宏スナップ】飯島敏宏は、TBSのディレクターで、『ウルトラQ』『ウルトラマン』で脚本、監督として活躍（脚本は千束北男名義）。『ウルトラマン』では制作1話から制作3話の監督を務め、『ウルトラマン』という作品を形にした。左頁上は「科特隊出撃せよ」での撮影風景。左前の帽子の人物が飯島敏宏。左後ろが撮影助手の中堀正夫。その右が照明の小林哲也。キャメラの右の人物が撮影助手の佐川和夫。左下はTBSの映画部のスナップ。前列中央の黒いシャツが飯島敏宏、その左隣の白いポロシャツの人物が橋本洋二（『ウルトラセブン』『怪奇大作戦』などのプロデューサー）、飯島監督の右が実相寺昭雄。モノクロ2点も映画部の旅行でのスナップ。どちらも右が飯島敏宏、左が実相寺昭雄。本頁上の写真は「科特隊出撃せよ」の本編スナップ。伊豆の海洋公園で撮影された。

飯島 『ウルトラマン』の時は、バルタン星人（制作1話「侵略者を撃て」）、ネロンガ（制作3話「科特隊出撃せよ」）、グリーンモンス（制作2話「ミロガンダの秘密」）、最初の3本を僕がやりました。諸般の事情で1話の制作が後になって（放送第1話の「ウルトラ作戦第一号」は制作が9番目となった）、急きょ3本やることになったんです。とにかく第1話の脚本がなかったので、ハヤタとウルトラマンの関係もわからないままでした。確か僕の3本がクランクアップする頃ですよ、第1話の脚本が上がったのは。この最初の3本は、本編と特撮が1班体制で、撮影部は特撮の高野（宏一）、佐川（和夫）、稲垣（涌三）でした。僕は『ウルトラQ』の時に「虹の卵」をやってるんですが、その時に特撮班が別にいて、編集の時までどんな画が上がってくるのかわからないのがやりにくかったので、1班体制はありがたかったですね。

　特撮は最初は的場（徹）さんが特技監督としてついてました。僕は的場さんとはやりやすかったんですが、的場さんは大映で特撮をやってた人だから、円谷プロ育ちの高野さんたちとは合わないところもあって。僕が特撮のシーンを的場さんや高野さんと打ち合わせると、その後で、必ず両方から、あんなこと言っても…、という愚痴を聞かされましたよ（笑）。高野さんや合成の中野（稔）ちゃんが、この特撮カットは難しいと言ってくることもありましたが、僕はそういう時は、「円谷プロなんだからできるだろ」って、宿題にしてました。そうすると彼らも頑張ってやってくるんです。

　最初の3本は僕に任されたんだけど、ネロンガとグリーンモンスは、先に脚本がありました。僕が監督することになったんで、脚本家がいつも詰めていたはなぶさ旅館に行って、金ちゃん（金城哲夫）も同席しながら、山田（正弘）さんに直しをお願いしたんです。山田さんの場合は、出来上がったものを受け取って、あとはこちらで、という形でした。山田さんは詩人のようなところがあって、晴さん（中川晴之助）とは相性いいんだけど、僕にはわからない不思議な脚本でね（笑）。『ウルトラQ』の「虹の卵」（山田正弘脚本、飯島敏宏監督）なんかは、かなり僕の方で直しています。山田さんも大らかな人で、渡したらもう次って感じで何か言われることはなかったです。

　僕はバルタン星人の回を書きましたが、みんなでテーブルを囲んで脚本を直すようなことはなくて、プロットの打ち合わせは金ちゃんとやってましたね。金ちゃんはそれを栫井（巍）さんに持っていくんだけど、栫井さんは僕には直接言わないで、金ちゃんに意向を伝えて、それを金ちゃんが僕にフィードバックしてくるんです。金ちゃんはそういう立場だったんです。円谷英二さんもこうしたいというのがあると、それを直接現場には言わないで、金ちゃんが受けて、咀嚼してから金ちゃんが現場に言うんです。『ウルトラQ』がは栫井さんの意向で怪獣ものになって、それまで作家さんに依頼していたSFものが使えなくなったんですが、その時も作家に事情を説明しに行ったのは金ちゃんでした。予算は円谷プロの市川（利明）支配人が管理していて、ここはロケで、ここはセットでといった話はしました。怪獣はこの怪獣の改造でお願いしますとかね（笑）。TBSから来ていた僕に対しては市川さんも一応恐る恐るだったけど、満っちゃん（満田務）なんかはお前、身内だろって感じで言われてましたよ。（『ウルトラマン』での満田監督の回は、ギャンゴ、ジラース、ザラガスと改造怪獣が多い）

　3本持ちですからかなり撮影期間も長かったし、思い出もあります。バルタン星人の分身の素材は、バルタン星人を持っていって、撮ったんですが、合成の中野ちゃんが、ここで前を撮って、ここで横を撮ってと指示してくれて。撮ってる時はこれがどうなるんだかわからなくてね。出来上がった映像を見て驚きました。桜井（浩子）くんたちがネロンガの洞窟から海に出るところは伊豆のシャボテン公園にあった実際に水が流れてる洞窟で撮ったんですが、そこの流れでビーバーが飼われてて、撮影で足をつけた僕は足がかぶれちゃったんですよ。あれはひどい目にあいました。

　特撮で思い出すのは、ウルトラマンと怪獣の対決ですね。僕がセットに行くと、的場さんが、「殺陣は特撮監督の仕事じゃない、殺陣師を呼んでくれ」と言って、セットを出ていってしまったんです。あの時はウルトラマンと怪獣の戦いに殺陣師を用意することは考えていなかったんです。現場は的場さんがやるものだと考えてたんでしょう。それで高野さんたちが困ってるんで、僕が手伝いました。僕はこの前に時代劇のチャンバラをやってますから、それが役に立つかと思って。スペシウム光線も、最初は何も決まってなかったんですよ（企画書には殺人光線、手から熱線を出すという記述があるだけで、スペシウム光線の具体的な記述はない）。それで高野さん、中野ちゃん、古谷ちゃんとその場で話し合って、あの形を決めたんです。スペシウムの名前は、スペースニウムという意味で、僕がバルタン星人の脚本に書いたのが最初ですね。

■【『ウルトラマン』科特隊セット撮影会】『ウルトラマン』で活躍する科学特捜隊(通称科特隊)スチール。科特隊のカラースチールは非常に少なく、当時から現在に至るまで、この一連が使われることがほとんどであった。よく見ると第1回撮影会とホシノ少年の衣装が共通しているのがわかる(「侵略者を撃て」でこの衣装を使用)。

■前頁より本頁含めて5頁【『ウルトラマン』科特隊スチール】大変珍しい科特隊のカラースチール。『ウルトラマン』の後半に撮影された TBS 所蔵のスチールで、近年発見された(本頁上のアラシ隊員のスチールは除く)。前頁・ハヤタ隊員(黒部進)。本頁左・ムラマツ隊長(小林昭二)。本頁上と右頁・アラシ隊員(石井伊吉)。本頁上のアラシ隊員はスパイダーショットの活躍カットとして屋外で撮られたもの。右の屈んでいる写真はほとんど露出のない珍しいカット。本頁より2頁目、イデ隊員(二瓶正也)。本頁より3頁目、フジ・アキコ隊員(桜井浩子)。

■左頁と本頁含む4頁【『ウルトラマン』ロケ先でのスナップ】いずれもハヤタ隊員を演じた黒部進さんのアルバムより。左頁は科特隊のメンバーが私服で写っている大変珍しいスナップ。第20話「恐怖のルート87」での伊豆ロケでTBSが撮影したもの。当時の東京新聞でも科特隊の俳優たちを紹介した記事に、この時の写真が使われている。

桜井 この時はロケに私だけ後から行って合流したんですが、行ったらTBSの番宣カメラマンの方に、いきなりジャンプしてって言われたのを覚えてますね(笑)。

　本頁は第9話(制作第7話)「電光石火作戦」でのスナップ。ロケ先の西湖湖畔で撮影されたもので、いたずらっぽく顔を覗かせる桜井浩子さんの表情から和気藹々とした現場の空気が感じ取れる。

黒部 ヒーローを演じるということだったんだけど、特に参考になるものもなくてね。僕はなかなか食えない時代があったもので、自分に自信や余裕がなかったんですよ。それで人と交わるのを避けようとしていたところがあってね。ただ、ヒーローって、そういうちょっと他と違うところがあるじゃないですか。それで二瓶ちゃんとか石井さんがワイワイやってるところにはハヤタとしては入らずにいたんじゃないかと思います。最近見直す機会があったんですが、手前みそかもしれないけれど、やっぱりあの感じはヒーロー像に合ってる、ハヤタっていうのは一つの形にはなってると思いました。ハヤタはカッコイイよね。まあ、若いからっていうのもあるんだけど、僕は思わず自画自賛しましたよ(笑)。

　二瓶ちゃんが同じ東宝の俳優だから大の仲良しでね。僕は宮益坂に住んでたんだけど、二瓶ちゃんは撮影所に行く時にはウチの前を通ってくれるんだ。だから二瓶ちゃんの車で撮影所まで通ってましたよ。渋谷公会堂のスロープで撮った科特隊専用車の出動シーンで運転はしたんだけど、車をこすって怒られました。それでその後からは、運転するシーンは石井さんがやるようになりましたね(笑)。石井さんが上野毛に住んでたんで、お昼にみんなで撮影所から石井さんの家に行って、中華を取って食べたこともあったね。それが結構時間がかかってさ、もう撮影所に戻らないとって、片付けもしないでそのまんま戻ってきたりしてね(笑)。

本頁と右頁も黒部さんのアルバムより。本頁上段と中段左は「ミロガンダの秘密」のロケで伊豆コスモランドの地球儀大温室の前で撮られたもの。中段右は「来たのは誰だ」の撮影スナップ。下段左はファンに囲まれる黒部さん。下段右は、「電光石火作戦」で、西湖湖畔でのスナップ。右頁は「怪獣無法地帯」での撮影合間のスナップ。後ろに準備中のスフランが見える。

黒部 この回(「怪獣無法地帯」)は、僕はキャップと一緒に崖の撮影で、森のシーンはないんですよ。この写真も衣装着てませんからね。多分崖の方は、この森の後に行ったんじゃないかな。当時はロケバスが1台しかないから、僕とキャップは別の車で次の現場にみたいなことができないんです。だからロケの時は、とにかく俳優はひとまとめにされてね、バスに詰め込まれてましたよ(笑)

■本頁と右頁【『ウルトラマン』第3話「科特隊出撃せよ」の特撮スナップ】本頁はネロンガが破壊する発電所のセットで撮影されたウルトラマン。三面写真のうち珍しい側面写真。右頁はネロンガと対決するウルトラマン。

■右頁右段より以降4頁【『ウルトラマン』第二回撮影会】「科特隊出撃せよ」の特撮セットを使って行われた2回目の撮影会。ウルトラマン、完成したネロンガ、バルタン星人が登場した。

古谷 ウルトラマンをやることを決めて、円谷プロへ行って「やります」って話をしたんですけど、もう日程が押してて、成田さんから「敏さん、明日スーツの採寸に行くから」って言われて。成田さんと新宿御苑のアクアラングスーツの店にいって採寸したんです。これでオレもぬいぐるみ役者になるんだなって複雑な思いもありながらね。それから次の日には、今度はマスクを作るんで僕のライフマスクが必要だってことになって、佐々木(明)さんのところへ行きました。顔にコールドクリーム塗って、顔の周りに枠作って、口と鼻だけ空気穴つけて、石膏を顔に流し込まれたんですよ。石膏って硬化するとだんだん熱くなるんですよ。こっちはそんなの知らないからさ。空気穴からアウウってうめき声もらすんだけど、佐々木さんは知らん顔(笑)。終わったら顔に火傷みたいな赤い斑点ができててね。ようやくマスクとスーツができて、試着したんですけど、その時はカラータイマーがまだなかったですね。スーツが薄いから力入れると破けてしまうんで、気をつけながら入るのも時間がかかりましたよ。最初は覗き穴もなくて見えなかったんだけど、スーツが体を締め付けるのと、マスクも顔に密着してるから空気が口の周りぐらいしかなくて、これで演技できるのかなって思ったね。こういう撮影会の時も特に殺陣師はいなくて、僕と怪獣の方で相談してポーズを決めましたね。この時はまだ最初だから赤いウェットスーツがなくて黒いスーツに銀を塗ってるんです。その上から赤いラインを塗ってたんだけど、銀の上からだと赤の塗料がグジュグジュになってね。

■この頁より以降10頁【『ウルトラマン』第3話(制作3話)「科特隊出撃せよ」の特撮スナップ】この話では電気を好物とする怪獣ネロンガが、発電所でウルトラマンと対決。迫力の特撮シーンが当時の子供たちを魅了した。写真はTBSの番宣カメラマンと高野さんが撮影したもの。今回はポジが失われ、プリントしか残されていないものも含めて一連を全て紹介する。本頁より3ページ目のネロンガを撮影している撮影部のスタッフは、左より稲垣涌三、佐川和夫、高野宏一、北岡隆。

佐川 爆発や火炎のシーンは、ドッカンドッカンやってひと通り芝居が終わったらカット掛ければ終わりなんですけど、カットの寸前に炎や煙が余韻でいい案配になることがあるんですよ。これをね、私らキャメラマンは追っかけるんです。消火しようとしてるところを、「ちょっと待った待った」ってね。

稲垣 僕は後からあっちゃん(記録の田中敦子)に、爆発の中に飛び込んでいってたって教えてもらいましたよ(笑)。撮ってる時はやっぱり夢中でしたからね。

■【『ウルトラマン』第3話(制作3話)「科特隊出撃せよ」の特撮スナップ】
古谷 3分の間に使うのは60カットぐらいだったけど、撮るのは数百カットぐらい撮るんですよ。かなりのロスがありましたね、NGもいっぱいあったし。俳優だけじゃないんですよ、キャメラや照明でNGってこともあるしね。グリーンモンスとバルタン星人はそんなに動きはなかったんですけど、ネロンガは中島(春雄)さん(東宝でゴジラを演じていた俳優)なんで、中島さんが動きの段取りを組んでくれました。オレがこう行くからこう受けろ、ってね。基本的に毎回怪獣と打ち合わせしてやるんだけど、相手がいることだから思い通りにならないことも多くてね。僕は中から声を出してやってたけど、怪獣は無理だから合図を決めてとかね。

■【『ウルトラマン』第3話（制作3話）「科特隊出撃せよ」の特撮スナップ】上の写真でワイヤーをいじっているは操演の沼里貞重。
佐川　「今アップで撮ってるから」とか「今はバストショット」みたいなことを私が古谷ちゃんに伝えてね。もう少しこうしてくれって色々言ったけど最初はなかなか古谷ちゃんも思う通りにはできなかったみたいね。カッコよく見せるためにぬいぐるみには肩とかお尻とか色んなところにアンコも入ってたしね。あと目の下のところから見てるから、どうしてもウルトラマンが上を向いちゃうんだよね。それでアゴが上がっちゃうから、構えてもらったら、「今どこ見てる?」って聞いて、「足元より先です」って言うから、そこから修正して、アゴを引いたいい形になったところで、「今の状態が外から見てきれいな顔のポジションだから、今の目線の位置を覚えておいてね」ってお願いしたんですよ。怪獣を持ち上げるのもコツがいるんですけど、なかなかすぐには古谷ちゃんも覚えられなくてね。怪獣を上げるのに使ってるピアノ線が見えちゃうから、なるべくウルトラマンの方にお客さんの視線を持っていくように撮るんです。でも、そのためにはウルトラマンがカッコよくないといけないんで、古谷ちゃん相当苦労したと思いますよ。見えない中で、私からああしろこうしろって言われてね。

■【『ウルトラマン』第5話(制作2話)「ミロガンダの秘密」の特撮スナップ】動く植物グリーンモンスが次々と人を襲う物語で、古谷さんによれば、この撮影がウルトラマンを演じた最初だそうだ。グリーンモンスが燃えるシーンが写っているが、このあとぬいぐるみを修繕して本編班の等身大のシーンも撮影されたという。

古谷 ウルトラマンの演技については、脚本の金城(哲夫)さんと話したんですが、金城さんが「人間じゃないし、ロボットじゃないし、動物じゃないし」って言うから、じゃあどういう動きしたらいいんだろって(笑)。結局は「敏ちゃんの好きにやりなよ、敏ちゃんの動きが宇宙人なんだよ」ってことになってね。オレが歩いてる姿が宇宙人ってつもりで演じました。殺陣もスタントもやったことなくて、かろうじてやってたのがタップダンスの軽やかさとか、子供の頃からやってた空手ぐらい。それしか動きはないんですよね。飯島さんからは、ウルトラマンは自分から攻撃するのはやめようと提案されて、ボクシングスタイルの攻撃的なファイティングポーズを取らないようにしてました。ですから基本は拳を握らず手を開いた形ですね。ただ、最初の頃は入って息をするだけで精いっぱいで、なかなか演技プランまでいかなかったですね。飯島監督の3本をやって(飯島監督の「侵略者を撃て」「科特隊出撃せよ」「ミロガンダの秘密」の3話が、3本組で最初に制作された)、みんなで色々と考えて。撮影部からは、こう撮ったらカッコイイとかね。そうやって徐々にできていったんです。

■本頁より3頁【『ウルトラマン』第5話(制作2話)「ミロガンダの秘密」本編スチール】「ミロガンダの秘密」の伊豆ロケで、伊豆コスモランドの地球儀大温室の前で撮られた非常に珍しいカラースチール。本編ではイデ隊員とアラシ隊員がビートルで飛来し、大温室に向かっていくシーンが撮られている。また、ここではヘリを使った空撮も行われ、大温室に向かって科特隊専用車を走らせて、専用車の疾走と大温室の俯瞰映像を撮影したそうだ。イデ隊員たちがビートルで飛来しているのに、このスチールに専用車があるのは、そのような撮影の経緯からである(大温室の俯瞰は「ミロガンダの秘密」、走る専用車は「科特隊出撃せよ」でそれぞれ使用された)。スチールにはムラマツ隊長とハヤタ隊員もおり、別シーンの撮影のために伊豆のロケに同伴しているのがわかる。これらの一連のスチールは制作担当の守田康司さんのアルバムに残されていたもので、黒部さんもこの時のモノクロのスチールをカメラマンからもらっていることから、写真撮影はTBSの番宣カメラマンが行ったようだ。

佐川 空撮やりましたね。当時はヘリに乗って空撮するなんて、やったことのない人には不可能だから、別のカメラマンを呼ぶんですけど、高野さんは共同テレビ時代にそういった空撮もやってたから、「オレやるよ」ってことで高野さんが撮ってますね。

■本頁より3頁【『ウルトラマン』第7話(制作6話)「バラージの青い石」特撮スナップ】この話では中近東の幻の町・バラージで、怪獣アントラーとウルトラマンが対決。ウルトラマンは苦戦をしいられる。

古谷 ウルトラマンの動きは、現場で高野さんと相談しながら作りましたけど、僕は俳優として演技してるから、殺陣としてビシッとは決まらないんですよ。あれが逆によかったと思いますね。殺陣師がついてたらもっとキレキレの動きになって、あのウルトラマンの動きはなかったと思いますよ。

稲垣 このアントラーが壁を壊すシーンは確か特撮のB班がやったと思います。『ウルトラマン』は、飯島監督の最初の3本は、本編も特撮も同じ1班体制でしたが、日程的に1班では無理となって、次の組からすぐに本編と特撮が別になったんです。特撮の方でも佐川さんがカメラをやったA班の後にB班ができていきました。B班の方でカメラをやったのが鈴木清さんで、特技監督をやったのが大木淳吉さんですね。

■本頁より7頁【『ウルトラマン』第7話(制作6話)「バラージの青い石」本編スナップ】これらのスナップも守田康司さんのアルバムから発見されたもの。守田さん自身が撮影したと思われ、撮影の様子を非常に丹念に押さえている。『ウルトラマン』の本編スナップで、これだけの量を撮影しているものは他にはなく、非常に貴重なものだ。バラージの神官チャータムは、弓恵子さんが演じ、ウルトラマンのピンチを助ける存在感のあるキャラクターを生み出していた。

弓 私は元々は大映にいたんですが、大映を出て、劇団俳優小劇場に入ったんです。俳優小劇場では小林昭二さんが先輩でいらして、それもあってこの役が決まったんですかね。あの時は事務所から言われて行った感じです。役作りで髪を染めたんですが、なかなか監督の思う色にならなくて、2回染めたんですよ。監督的にはもっと明るい色にしたかったようですね。それと冠をかぶってる状態で前髪が揃ってないといけないので、現場で前髪も何回か切りました。衣装は採寸して私用に作ったんですが、これが体にピッタリするので、座ってしまうと皺になるんです。ですから待ち時間は立ってましたね。

小林先輩とは現場で一緒だったんですが、私はセリフが結構長かったので、それで精いっぱいで、特にこの時何かお話はしなかったかな。二瓶さんとはこの後に学園ものなどで一緒になりましたね。

このオープンセットは聖蹟桜ヶ丘の生田オープンにありまして、映画のセットですから、表だけのハリボテじゃなくて裏の方までしっかり作ってありました(笑)。私はこの時は、一人で舞台的な芝居をしていたと思います。舞台っぽくなりすぎたかなとも思いましたが、それが監督の狙いだったかもしれないですね。

■【『ウルトラマン』第7話（制作6話）「バラージの青い石」本編スナップ】バラージの町は、東宝の映画『奇巌城の冒険』に使われたオープンのセットが使える、というところからプロットが作られており（監督の野長瀬三摩地自身が、南川竜の名義で脚本を書いている）、生田オープンに残っていたセットを、そのまま利用して撮影が行われた。

桜井 私は『奇巌城の冒険』に出演しているので、このセットに行ってるんですが、ウルトラマンの時は本部で留守番だったんですよ（笑）。守田さんは確か弓恵子さんのファンだったんで、それもあって現場でこれだけ追っかけていたんだと思いますよ。

■本頁から以降7頁【『ウルトラマン』第3回撮影会】制作9話「ウルトラ作戦第一号」の特撮セットを使って行われた撮影会で、科特隊のメンバーと円谷英二、ウルトラマン、ベムラー、マグラー、レッドキングが登場した。1966年6月頃に行われており、7月17日から新番組としてスタートする『ウルトラマン』を盛り上げるためのものであった。

古谷 この時はね、皆の隊員服がまぶしかったのを覚えてますね。皆で談笑しながらの撮影会でしたが、僕には誰も話しかけてくれなくて、孤独でしたね(笑)。

桜井 この時はキャップ(小林昭二)は別の仕事があっていないんですよ。最初の頃だけキャップは掛け持ちしてたんですね。あと私たちはこの時はまだ、ウルトラマンの中が古谷ちゃんだとは知らなかったんですよ。

■【『ウルトラマン』第3回撮影会】左下の写真でウルトラマンに指示を出しているのは助監督の鈴木俊継。これ以前の撮影会ではスペシウム光線のポーズがなかったが、この頃はポーズが決定していたので、スチールにも収められている。

古谷 最初に怪獣と戦ったのはグリーンモンスで、その時にウルトラマンの必殺武器が必要になったんですよ。光線を出すのは決まってたんだけど、どこから出すのか決まってなくて。それで現場で、僕と飯島監督と高野さんと合成の中野(稔)さんで話し合ってね。僕はウルトラマンに入ったままですよ。さすがに顔は出してましたけど。ああでもないこうでもないってやりながら、右手が基本だから右手の側面から出そうという案が出たんですね。そこから出すと光線の幅も取れるしいいだろうって。右手をこう立てるとカッコイインですよね。それで右手が動かないように左手を添えてね。安定すると合成する中野さんが喜ぶから(笑)。やってる中で後のセブンのように肘に手を添えるのもあったんだけど、それだと長すぎて手首から腕のあたりが段になるから合成がやりにくい、ということで、あの形になったんです。それで飯島さんにこの武器は今回だけですかって聞いたら、「これはウルトラマンの最後の決めとして、これからも使いたい」と言われまして。そこから自宅の鏡の前で何回もスペシウム光線のポーズを練習したんです。あれは少しでもズレると、耳やカラータイマーが隠れるんですよね。やっぱりカラータイマーが赤く光ってピンチなところがいいんで、それを隠さずに、耳にもかからない微妙な位置を維持するのが結構難しくてね。

■前々頁から本頁まで【『ウルトラマン』第1話(制作9話)「ウルトラ作戦第一号」特撮スナップ】諸般の事情から制作が後になっていたが、この回が『ウルトラマン』の放送第1話となる。写真はいずれも高野さんが撮られていたもの。

佐川 水のシーンは、美センのスタジオにプールがあって、そこでやってたんです。ここは普段は水を抜いて、その上に平台を置いてスタジオとしても使ってました。このベムラーがいるところだけ6尺ぐらいの深さになってまして、入ってる人が自力で潜るんですけど、ウレタンでできてるから最初は浮いちゃうんですよ。それでみんなで押し込んでウレタンが水を吸ってくるとやっと沈むんです。こういう水のシーンは最後にやってたと思いますね。これを先にやるとぬいぐるみ使えなくなっちゃうからね。

　この頃の山のセットは、実際の木の枝を組んで、ドンゴロスっていう麻の布で覆って山の形を作ってから、ヒムロ杉を一本一本植えてるんです。後の時代のものは平台の上にスチロールで山の形を作っちゃうんだけど、この時は非常に凝った作りだったんで、怪獣とかウルトラマンが山に倒れても下の地が見えるようなことがなくて、うまくバレないんです。ヒムロ杉は2、3日で枯れてくるんだけど、ドンゴロスを使ってやってるやつは水をまいてると1週間ぐらいは持つんですよ。ドンゴロスが水を吸うからね。それで持ちはいいんだけど、杉が育つから、美術と撮影部で入る前に必ず刈り込んでました。それなんかも最初はわかってなくて、やっていくうちに覚えてね。こういう青物がある時は必ず撮影に入る前にやるようになりました。

■本頁から以降7頁【『ウルトラマン』第8話（制作8話）「怪獣無法地帯」特撮スナップ】
この回は、マグラー（本頁の怪獣）、チャンドラー（本頁より2頁目の翼の怪獣）、レッドキング（本頁より2頁目でチャンドラーと戦っている怪獣）、ピグモン、スフラン（本頁より3頁目の植物怪獣）が登場する豪華な一編であった。写真はいずれも高野さんが撮影したもの。ネガが失われ、プリントしか現存しないものも含め、一連を全て紹介する。

■本頁含め3頁【『ウルトラマン』第8話(制作8話)「怪獣無法地帯」特撮スナップ】

佐川 レッドキングは私の大好きな怪獣でね。この時は最初の特技監督だった的場(徹)さんがいなくなってたから、高野さんが監督で私がキャメラマンですけど、キャメラ覗くとレッドキングは非常に収まりがいいんです。だから安心して画が作れるんですよ。ほかの怪獣はなんかバストサイズもうまく決まらないなぁとか苦労したんですけど、レッドキングは本当に気持ちのいいサイズが撮れたんです。

　飛行機の操演シーンはピアノ線が曲者でね。キャメラから覗くと、普通は被写体の方に目が行くんですよ。あの狭い画角の中に被写体を収めることに夢中になるからピアノ線まで目が行かないんです。これが慣れてくるとピアノ線が見えるようになって、「今の見えてたからもう1回」ってできるようになるんです。普通にただ飛んでくるのは、ピアノ線を消しやすい方ですかね。消しやすいっていうのは変な言い方ですけどね。馴染ませやすいっていうんですかね。ただ火薬の爆発が入ってくるとそのフラッシュで線が光ってしまって目立つんです。中にはどうしても消せないっていうのもあったんです。そういう場合は目をつぶるしかなかったですね。ラッシュを見ててオヤジさん(円谷英二)が「釜飯カット(飛行機を吊るピアノ線が見えてしまうカットのこと。これがあると釜飯をおごらなければいけないという現場の慣習があった)なんだけど仕方がねぇよな」っていうのもありましたよ。飛行機だけ飛んでるのは天地逆様に吊って線を誤魔化すこともできるんだけど、セットからライトから全部逆様にしないといけないから、怪獣と飛行機が一緒に映ってるとそれはできないんですよ。

稲垣 ピアノ線がなるべく写らないように、色をつけていくのは…あれは誰もが言うと思いますけどつらいんですよね。あれは操演部ではなくて、円谷では伝統的に撮影部の仕事だったんです。この時は撮影助手ですけど、キャメラが何台も出るから助手も覗かないといけなかったんで、覗いて確認しながら消していって。僕は背が低かったもので、上の方まで行かなくて苦労しました。

佐川 これ(右頁の写真)は上に張られたロープについてる滑車をつかんで、ウルトラマンが上から蹴りをするところですが、古谷ちゃんよくやりましたよね。一応、事前に打ち合わせはするんだけど、実際やってみないとわからないので、ぶっつけ本番みたいなところもありましたからね。ただオヤジさんから、「こういうのは怪我がつきものみたいなところがあるけど、俳優さんに同情しちゃいけない。そうすると絶対怪我するから」って言われましてね。それでとにかく厳しいことを言い続けたんです。そしたら鬼の佐川なんて呼ばれるようになりましたね(笑)。まあ高野さんは監督だから演出に忙しいし、俺が憎まれ役にならないと、という気持ちでね。現場に緊張感がないと逆に危ないですから。

稲垣 佐川さんが持ってたテスターがあったんですよ。その箱に鬼の佐川って書いて放り込んでましたね(笑)。それがずっと置いてありましたよ、鬼の佐川って。僕はまだ若かったし『ウルトラマン』の頃はわりと佐川さんに噛みつく方でしたね(笑)。ただ後にCMの撮影で佐川さんが特技監督で僕がキャメラを担当したことがあったんですが、その時はこういう画を撮りたいってこっちが言うと、何も言わずにやらせてくれてね。その時には本来、佐川さんは優しい人なんだなと思いましたね。

■前頁【『ウルトラマン』第6話(制作5話)「沿岸警備命令」特撮スナップ】この回は海獣ゲスラが湾外の倉庫街でウルトラマンと対決した。
■本頁【『ウルトラマン』第3話(制作3話)「科特隊出撃せよ」本編スナップ】この頁から4頁はいずれもホシノ少年役の津沢さんのアルバムから。本頁の写真はネロンガが潜む井戸の撮影風景。中央写真の人物がこの回の監督の飯島敏宏。この時に監督が使っていた帽子を津沢さんにかぶせ、それがそのままホシノ少年の帽子になったという。右の写真は、後列左が記録の宍倉徳子、右がメイクの田口世里子。手前は津沢さんのお母さん。

桜井 この時は小田原城で撮影したんですけど、この井戸の入り口を、道のど真ん中に置いてやってましたよ(笑)。この作り物が安定しなくてね、みんなで押さえながら撮影したのを覚えてます。

■【『ウルトラマン』第9話（制作7話）「電光石火作戦」本編スナップ】この話では台風で孤立した山岳少年団の子供たちと、ヘリで怪獣ガボラを誘導する科特隊の活躍が描かれた。左の写真、手前の人物がこの回の監督である野長瀬三摩地。

津沢 この時のキャンプは西湖ですが、ヘリが発着するところは確か生田オープンセットだったと思います。僕はこの撮影ではじめてヘリに乗って嬉しかったのを覚えてますね。

■左頁と本頁【『ウルトラマン』9話（制作7話）「電光石火作戦」本編スナップ】左頁の上段左は、墜落したヘリから生還したハヤタが、一同と合流するシーン。ライトの機材など当時の撮影の様子が見て取れる。下段は科特隊が山岳少年団に食料を届けるラストシーン。下段左でスコップを持っているのは撮影の内海正治。本頁右上の写真は、ホシノ少年とゲストの少年達。左が武役の佐藤英明（『ウルトラQ』では「東京氷河期」で沢村治男役として出演）、右が敏男役の山村哲夫（『ウルトラQ』「地底超特急西へ」でイタチ少年を演じていた）。

■本頁と右頁【『ウルトラマン』第9話（制作7話）「電光石火作戦」のスナップ】上はドラマ冒頭の復旧工事現場の撮影前。右の人物が監督の野長瀬三摩地。左が撮影の内海正治。これは、河口湖のホテル近くで行われ、本編の映像では、この道に台風で倒れかけたという想定で、大道具の電柱がわざわざ配置されている。本頁右と右頁は山岳少年団のバンガローがあった西湖湖畔でのスナップ。特撮班の撮影部が同行しており、高野さんがスナップを収めている。本頁の右の写真は撮影の佐川和夫と桜井浩子。これは「電光石火作戦」のラストカットの撮影直後で、本編では手前の花をカメラが横切るのが確認できる。右頁の左上は特技監督の高野宏一。右上は左が撮影助手の北岡隆、右が佐川和夫。左下は、左より高野宏一、佐川和夫、撮影助手の鈴木清、北岡隆。写真からもわかるように『ウルトラQ』『ウルトラマン』の特撮班は、20代から30代前半の若いスタッフが中心になっていた。

■前々頁と前頁【『ウルトラマン』第11話(制作12話)「宇宙から来た暴れん坊」の特撮スナップ】脳波怪獣ギャンゴがホテルを破壊するシーンの撮影風景。カメラの左が撮影助手の稲垣涌三。カメラを覗いているのが撮影の佐川和夫。右端が撮影助手の北岡隆。手前が記録の浦島邦江。

古谷 このギャンゴをやった後だったかな、とにかく水は怖いからって高野さんたちにお願いしたんです。周りのスタッフは水面から顔が出てるから大丈夫だろうと思ってるんだけど、水面で戦ってても、マスクの口から水がどんどん入ってきて、それが下に流れなくて、マスクの中にたまるんですよ。これではマスクの中で溺れてしまうと感じて、水はもうやめてくれって言ったんです。それからウルトラマンが水に入るのは減ったかな。火は増えたけど(笑)。火がなくなるとウルトラマンじゃなくなるからそっちは我慢しました。コンビナートとか爆発するとタンクのフタになってるトタンが飛ぶんだけど、あれなんかどこに飛ぶかわかんなくて怖いんですよ。

■本頁【『ウルトラマン』第11話(制作12話)「宇宙から来た暴れん坊」の特撮スナップ】前頁の特撮セットを準備する特撮班のスタッフたち。右の人物は特撮班助監督の山本正孝。写真は倉方さんのアルバムより。

池谷 僕は特撮の美術助手として『ウルトラマン』に参加しました。現場の美術をあずかるのが僕の仕事ですね。撮影が終わると、翌日のセットのための飾りつけをするんですが、これが、ほぼ徹夜でした。大きな山とか地面に道を作るのは大道具にやってもらいまして、ミニチュアを配置したり、看板をつけたり、木を植えたり、細かく飾っていくのが、僕たち美術助手でした。作り物の配置にしても、キャメラに写る画を作らないといけないので、実際にキャメラを覗かせてもらいながら絵作りをしました。時間に追われながら毎日毎日ギリギリで仕事をこなしてましたけど、ワンカットワンカットの画を作るのが面白かったですね。

稲垣 特撮っていうのはチームプレイで、他のところが仕事してる間は待ち時間になったりもしますが、そこで他の仕事が見られるわけです。特撮のステージって、最初は平台の上に何もないんですよ。空だけがある。そこへ美術の人が色々なものを並べながら画を作っていくんですね。これは画作りの勉強になりました。

■右頁【『ウルトラマン』第12話(制作11話)「ミイラの叫び」と第16話(制作17話)「科特隊宇宙へ」の特撮スナップ】左が「ミイラの叫び」でドドンゴが破壊するセメント工場のミニチュア。右は「科特隊宇宙へ」の金星探索ロケットオオトリ号の発射場の特撮セット。

■左頁と本頁【『ウルトラマン』第18話(制作19話)「遊星からきた兄弟」の特撮スナップ】この話ではザラブ星人が変身したにせウルトラマンが登場した。本頁下でにせウルトラマンに指示を出しているのが本編監督の野長瀬三摩地。

古谷 この時は手刀を寸前で止めるつもりが、にせウルトラマンの頭に本当に手刀が入っちゃったんだよね。硬い頭を手刀したから痛くてね。それで痛ててって動きを思わずしちゃったんですよ。あれはさすがに使わないだろうと思ったら、高野さんは「あれがいいんだよ」ってそのまま使っちゃって(笑)。にせウルトラマンは、僕自身が動いてるウルトラマンを見られたんで、「あ、僕は普段こういうことをしてるのか」っていうのがわかってよかったですね。映像を見ると僕のウルトラマンとにせウルトラマンはやっぱり動きが違うんです。身長も違ってたし。それで、「ああ、僕が怪我したらにせウルトラマンの人が入るのかな」とも思って、怪我しちゃいけないなって感じました。僕が頑張っていいウルトラマンを作り続けようと、改めて思った回ですね。

■左頁と本頁【『ウルトラマン』第19話(制作18話)「悪魔はふたたび」の特撮スナップ】この話では赤い怪獣バニラと青い怪獣アボラスがよみがえり、国立競技場で激突。この回の特撮は、円谷英二が自ら演出を手掛けている。

稲垣 この時は、次は円谷(英二)さんがやるぞという感じで聞いてましたから、円谷さんは予定として組まれてたんですよ。それで国立競技場の大きなセットが作られました。ただ、これはB班がやってたんで、僕は撮影にはつけなかったですね。

池谷 この国立競技場の図面は僕がやりました。『ウルトラマン』に参加してはじめての仕事ですね。僕は『ウルトラマン』の前に帝国劇場でやった『風と共に去りぬ』のスクリーンプロセスで使うミニチュアセットを手伝ったんです。その時に美術をやってたのが成田(亨)さんで、『風と共に去りぬ』が終わったところで、特撮の美術をやらないかと声をかけてもらったんです。最初は特撮ということで悩みましたが、「できたものがあるから見ない?」と、試写で『ウルトラマン』の「恐怖の宇宙線」を見せてもらいまして、これに感激して『ウルトラマン』に参加するようになりました。特撮は僕が入った時点でA班とB班がありまして、美術もそれに合わせてA班B班に分かれてました。成田さんは、美術のトップで主に怪獣デザインを描いてましたね。その下でA班とB班が、毎回の特撮セットのプランや図面を作ってたんです。それぞれの班で3~4人いました。僕が入ってから美術の部屋に大きな机を入れてもらって、そこで図面を引いてました。当時は国立競技場の資料もないですから、自分でロケハンして写真を撮って、図面を引いてます。全面は作っていないのですが、正面と左右の三面にカメラが入れるようには作ってます。壊れるところがあるんで、セットを作る方に、ここは壊れる、ここは壊れないからしっかり作るって指示するんですが、壊れる部分を図面の時点で想定するのがなかなか難しいんですよ。僕はセットの飾りつけもやってましたから、現場がスタートすると部屋に戻って図面を引いて、現場が終わると徹夜で次の日のセット飾りつけといった感じで、とにかく忙しかったです。

■本頁と右頁【『ウルトラマン』第19話(制作18話)「悪魔はふたたび」の特撮スナップ】

佐川 ここに写っているのは火薬の平鍋(功)ですね。これが大変な人で、爆発をちょっと見た目よくしてって頼むと、もうドッカンドッカン、とんでもない爆発になっちゃうんです。とにかく火薬をいっぱい使うんですよ(笑)。

稲垣 この写真で見るよりも3倍はスゴイ爆発でしたよ。平鍋が一生懸命やってましたから。鍋さんは、この爆発ちょっと地味だね、とか言うと、途端に燃えてしまう人で。焚きつけるにはそれが一番でした(笑)。

古谷 ウルトラマンのマスクは、この頃に変わってきました(マスクは最終的に3種作られ、通称Aタイプ、Bタイプ、Cタイプと呼ばれる)。最初のAと次のBが変わったのはわかったんですよ(右頁がBタイプ)。柔らかいのが硬くなったから。ただBから最後のC(後の頁でケロニアと対決しているもの)になったのは当時はわからなかったね。あれは造型の佐々木(明)さんが自分の思うラインと違うから変えていったらしいけど。成田さんはAタイプに思い入れがあったみたいですね。最初に試着した時の皺になってないAタイプはカッコイイですから。徐々にスーツがよくなってきたのは着ていてわかりました。最後の方はアメリカから取り寄せた赤の生地になって、赤の生地に銀を塗るようになりました。スーツもどんどん切れるから複数あったんですよ。Aの時が一番切れたかな。ただ替えのスーツがあっても着替えるのに30分ぐらいかかるので、撮影を中断させたくないから、切れ目が見えないようにうまくやろうよってこともありました。今はソフト化されて、そういうのも見えちゃうんだけどね。当時は何回も見られるとは思ってなかったし(笑)。

■左頁と本頁【『ウルトラマン』第23話（制作22話）「故郷は地球」の特撮スナップ】この話は『ウルトラマン』で独自の映像を見せた実相寺昭雄監督の作品。遭難した宇宙飛行士が怪獣となったジャミラが登場し、本編・特撮ともに力の入った映像を作り出した。

佐川 これは実相寺（昭雄）さんが面白いの作ったなと思いましたね。実相寺さんと我々の考え方はちょっと違ってたかもしれないけど、実相寺さんは特撮は特撮でやってくださいっていう感じだったんですよ。実相寺さんがワイドを使って特殊なサイズでやってるから特撮も真似しろとか、そういうのはありませんでした。このジャミラは好きだったな。中に入った荒垣（輝雄）に、とにかく泥の中でのたうちまわってくれって自由にやらせて。それをキャメラの方で寄ったり引いたりして撮ったんです。1分ぐらいの芝居を3回か4回撮って編集してます。自分でキャメラ見てても最期の芝居のところは涙が出そうになったね。実相寺さんもあれはよかったよって言ってくれました。

池谷 実相寺さんの「空の贈り物」（第34話）の時は、埋立地に怪獣が落ちてきたという想定だったんですが、僕の上司がデザインしたセットが、平らな地面だけのセットだったんですよ。並べるものが土管ぐらいしかないですからね。ワンカットワンカットの画を作り、世界観を表現していくのが大変でした。

稲垣 実相寺さんは〈美空ひばり事件〉（舞台中継で、美空ひばりの耳や鼻の穴をアップで映すなどして問題となった）がありましたから、『ウルトラマン』の現場でも注目はされてましたね。実相寺さんが監督した「空の贈り物」の時に、熊谷（健）さん（『ウルトラマン』の制作担当）がその回の完成フィルムを持ってきて、特撮班のセットで試写をやったんですけど、終わった後、一瞬静まり返って、そのあと万雷の拍手ですよ。大道具さんからみんなで拍手して。あの時の感激は忘れないですね。

■ 3頁前から本頁を含めて11頁【『ウルトラマン』第26,27話(制作26,27話)「怪獣殿下」の特撮スナップ】この2話は『ウルトラマン』では唯一の前後篇。大阪を襲う古代怪獣ゴモラが、大がかりな特撮で描かれた。特に大阪城の破壊シーンではキャメラ5台が駆使され、迫力のシーンが撮影された。お城の特撮は現場的にも一大イベントで、スチールやスナップも多数残されている。スチールはTBS、スナップは倉方茂雄さんと佐々木明さんのアルバムから。前頁は大阪城を襲うゴモラ。本頁は大阪城に迫るゴモラを攻撃する戦車隊。

佐川 この時は、特撮の撮影部が全員キャメラについて5台回してます。35ミリのミッチェルが2台で、あとは16ミリだったかな。お城は佐々木明さんが作ってから時間が経ってたので固まってしまって、コンクリートと同じ硬さになっちゃったんだよね。うまく壊れるようにミニチュアにノコギリで刻みを入れるんですが、刻みを入れ過ぎて、撮影前に崩れてしまうのはイヤですから、最初はある程度の刻みしか入れなかったんです。そうしたら1回目はちょっとしか壊れなくて。それで、撮影部と美術でさらにノコで刻みを入れました。それでもなかなか壊れなかったね。

■本頁【『ウルトラマン』第26、27話（制作26、27話）「怪獣殿下」の特撮スナップ】大阪城やゴモラと記念撮影をするスタッフたち。左上の写真、中央は平鍋功。右上の写真は照明助手の幸村寿郎。左下の写真、右は倉方茂雄。

■右頁【『ウルトラマン』第26、27話（制作26、27話）「怪獣殿下」の特撮スチール】劇中ではゴモラが大阪城を壊した後にウルトラマンが登場するが、大阪城を壊す前に、スチール撮影が行われ、大阪城をバックにウルトラマンとゴモラの絡みが多数撮影された。本頁より3頁目の右2点は大阪城を壊すゴモラの特撮スナップ。

■本頁【『ウルトラマン』第26、27話（制作26、27話）「怪獣殿下」の特撮スナップ】本頁より2頁前のスナップは、特撮ステージを上から撮ったもの。カメラが複数並んでいるのが確認できる。前頁の3点はゴモラ空輸シーンの撮影スナップ。本頁は大阪で暴れるゴモラの撮影風景。上の写真でゴーグルをつけているのがゴモラを演じた鈴木邦夫。

佐川 ゴモラは本当にいい顔してるよね。スターと呼ばれる俳優さんと同じで、黙って立ってても絵になる。まさに怪獣のスターだよ。

■2頁前から本頁を含めて5頁【『ウルトラマン』第31話(制作30話)「来たのは誰だ」の特撮スナップ】この話では吸血植物ケロニアがウルトラマンと対決した。左頁はビルのミニチュアと撮影準備を行うスタッフたち。本頁と次頁はビルを突き破って登場するウルトラマン。

古谷 こういった壊れるビルは刻みが入ってて、ちょっとでも触ったら崩れるんです。撮影前にスタッフが触って崩れたこともありましたから、撮影はかなり緊張しました。このシーンみたいなのは僕がビルの中に隠れてて見えないから、相手の怪獣と合わせるのが大変なんです。1、2、3で、僕が飛び出して構える、相手の怪獣も構える。このタイミングが難しい。あとこの煙も、操演が間違うと飛び出してから煙が出たりとか、飛び出しても煙が出ないとか(笑)。これは手でビルの天井を突き破ってるんですが、ウルトラマンの手袋は手術用の薄いもので、ほとんど素手と同じだから、痛いことは痛いんですよ。手袋も簡単に破れましたね。修理で銀の塗料を塗るんですが、塗料だけだと固まって伸びないので、ラテックスに銀を混ぜたものを塗るんです。それをさらに乾かさないといけないから、修理も時間かかってました。

■本頁『ウルトラマン』第36話(制作36話)「射つな!アラシ」の特撮スナップ この話では変身怪獣ザラガスが出現。特徴的なビル街で大暴れした。
■右頁『ウルトラマン』第39話(制作39話)「さらばウルトラマン」の特撮スナップ 番組の人気は最高潮にあったが、特撮の撮影の遅れによる制作スケジュールの切迫により、この39話をもって『ウルトラマン』は放送を終えた。写真は最終回の特撮の様子をとらえた非常に珍しいスナップで、最後の怪獣である宇宙恐竜ゼットンとウルトラマンの戦いを、手持ちキャメラで撮影しているのがわかる。ゼットンの右が撮影助手の中堀正夫。キャメラを持ってるのが撮影助手の鈴木清、右端が特技監督の高野宏一。

稲垣 高野(宏一)さんは、ウルトラマンと怪獣の戦いに殺陣をつけなきゃいけないんですが、その戦いの手(殺陣)がなくなったって、よく悩んでました。撮影の前にはプロレスを見て参考にしたりとか、苦労してましたね。ただ手がないっていうと、実相寺さんに怒られてしまうんです。実相寺さんとしては、「ラブシーンに撮りようがないなんてありえない」って言い方でした。実相寺さんは普段は怒らないんだけど、怒ると怖いんですよ(笑)。高野さんも大変だったと思います。
古谷 後半の頃だったと思うけど、(円谷)一さんから「古谷ちゃん、もうワンクールできる?」って言われたの覚えてます。その頃は僕ものってましたからね。「やりますよ」って答えました。だから本当は『ウルトラマン』はもうワンクールやる予定だったんじゃないですかね。ただ最後の方は特撮が間に合わなくて、ピアノ線とか見えっぱなしだったもんね(笑)。
桜井 特撮の人たちは後半ヘロヘロでしたね。衣装部屋で寝てましたもん。美センではあそこだけが畳の部屋だったからなんですけど。私たちが「おはようございまーす」って行くと衣装部屋にゴロゴロ人がいて、起き出すような感じでね。

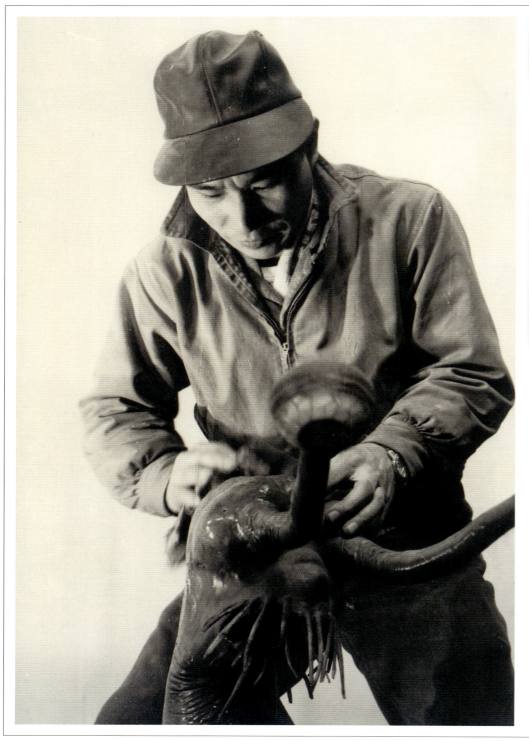

■本頁から19頁【『ウルトラQ』と『ウルトラマン』の造型物のスナップ】ここからは倉方茂雄さんと佐々木明さんが撮られた造型物の珍しいスナップを紹介する。本頁左は『ウルトラQ』のナメゴンをセッティングする倉方茂雄。上は『ウルトラQ』「育てよ!カメ」で使われた太郎少年とカメのミニチュア。

倉方 私は元々は東宝の特撮のミニチュアなどを作っていた石井清四郎さんの石井製作所にいたんですが、円谷(英二)さんが自宅に作られた円谷特技研究所に石井さんも参加することになって、私も石井製作所の従業員として一緒に行ったんです。『ウルトラQ』の前は、円谷特技研究所で準備をしてましたね。『ウルトラQ』がはじまると石井さんは特撮の美術造型として呼ばれて、私も石井さんの助手として参加しました。美センに作業部屋がありまして、『ウルトラQ』の頃は、特撮の美術造型ですね。私の仕事は後々機電(怪獣の目を光らせたり、中の仕掛けを作る担当)と呼ばれますが、機電というのは、機械と電気の仕掛けということで、途中から石井さんがつけた呼び方なんです。ただ『ウルトラQ』の頃はスタッフが少なくて現場でも色々やりました。ナメゴンにヌメヌメするやつを塗ったり、ピアノ線でミニチュアを操る操演などもね。リトラが着地するところの操演は、なかなかうまくいかなくて何回もやったんでよく覚えています。「バルンガ」(『ウルトラQ』制作16話)の時に石井さんが上の人と合わなくて辞めてしまいまして、そこから私一人になりました。

『ウルトラQ』の頃はボール盤と万力しかないところでやってました。セミ人間(『ウルトラQ』制作25話「ガラモンの逆襲」に登場)は、虫は複眼だから、ただ電球つけただけじゃ面白くないんで、目が光りながら回転する仕掛けを作ったんですけど、旋盤がなかったので、ギアに穴を開けるのに糸ノコで切り抜いてました。そんなのですから動きがムラになることがありましたね。『ウルトラマン』の頃に、必要なら買ってやれということで、作業部屋に中古の旋盤を据え付けてもらったんで、作業は楽になりました。『ウルトラQ』の頃は夜の9時には帰宅できたんですが、『ウルトラマン』になったらもう忙しくて徹夜でしたね(笑)。

ネロンガの角のように光が流れる電飾は、コードを外に逃がして、火薬の方で使うシャミセン(板の上に接点を連続に並べ、その上に電極棒を走らせることで順番に通電させる装置)につないで、電球の明滅を作ってました。ゼットンの頃になると中に点滅装置を作って入れてます。

ウルトラマンのカラータイマーは、成田さんはつけたくなかったらしいんですが、つけることになって、私がやりました。あれは、半球のアクリルの内側にFRPを点づけしてボツボツにしてるんです。セミ人間の目もそうですが、そうすると光が散ってくれるので中の電球が見えないようになるんです。下の方に蝶番をつけて開くようにして、青いパラフィンと赤いパラフィンを入れ替えて、色を替えてました。今思うと恥ずかしい仕掛けですが(笑)。本編の小物はやらなかったんですが、ウルトラマンの変身に使うベーターカプセルは作りましたね。昔のレコードプレーヤーに電球がついてたんですが(電気蓄音機と呼ばれていた当時のレコードプレーヤーには、ターンテーブルの脇に手元を照らす電球がついていた)、そのカバーを先端に使ってます。本体は木の削り出しです。中に電池と写真撮影用の使い捨てのフラッシュ球を仕込んで光るようにしてます。

■本頁と次頁【『ウルトラQ』の造形物のスナップ】第27話(制作9話)「206便消滅す」に登場する超音速旅客機206便のミニチュア。写真撮影は倉方さん。美センの作業場で撮ったそうだ。
倉方 これは石井さんと私が作りましたね。木のベースにアルミの板を貼っていきました。翼の文字は美術の人に描いてもらってます。

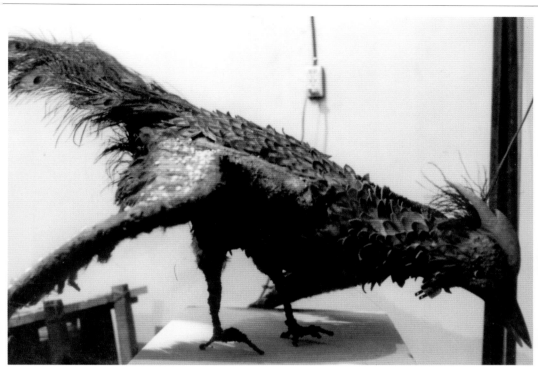

■【『ウルトラQ』の造形物のスナップ】本頁左上が第1話(制作12話)「ゴメスを倒せ!」に登場するリトラ。右の2点は第9話(制作13話)「クモ男爵」に登場するタランチュラ。次々頁は第1話(制作12話)「ゴメスを倒せ!」のゴメス。これらは東宝の美術スタッフが担当したもので、ゴメスはゴジラを改造している。撮影の間は倉方さんの作業場に保管されており、その際に撮影されたもの。

倉方 こういった写真は、作業場に帰ってきた怪獣をいたずらに撮影したものです(笑)。ただ、ゴメスのように東宝から借りて改造したものは、撮影が終わった後は作業場に戻ってこなかったですね。

桜井 タランチュラは撮影の時に触りましたけど、これ柔らかそうに見えて硬いんですよ。シュロっていう木の皮が貼ってあるそうですよ。

■【『ウルトラQ』『ウルトラマン』の造型物のスナップ】左頁と上が『ウルトラQ』第5話(制作14話)「ペギラが来た!」のペギラ。右の2点は第20話(制作24話)「海底原人ラゴン」のラゴン。次頁左上が第15話(制作20話)「カネゴンの繭」のカネゴン。次頁左下と右2点は第24話(制作26話)「ゴーガの像」のゴーガ。本頁から2頁目は第18話(制作21話)「虹の卵」のパゴス。本頁から5頁目は第10話(制作28話)「地底超特急西へ」のM1号といなづま号。本頁から6頁目は佐々木明さんの造型物で、左が第16話(制作25話)「ガラモンの逆襲」のセミ人間の円盤、右上が第13話(制作17話)「ガラダマ」のチルソナイト、右下が『ウルトラマン』第5話(制作2話)「ミロガンダの秘密」のミロガンダの花。

倉方 ペギラは東宝怪獣の改造ではなく『ウルトラQ』用に作った怪獣で、高山(良策)さんが造型ですね。ペギラでは高山さんが作ったまぶたに私がワイヤーを仕込んで、ぎゅーって引っ張ると目が閉じる仕掛けを入れてます。ペギラの目の電飾はあまり記憶にないんですが、電飾は必ずしも私がやるわけではなくて、後半になると高山さんの方で電球を入れてくるのもありましたね。高山さんのところから怪獣ができてくると必ず口のあたりを切り裂いて、中に開閉する仕掛けを入れるんですが、パゴスみたいに口が大きい怪獣だと、開閉させるのも大変で苦労しました。カネゴンは頭が重くて、そのままだと顔が前の方に倒れてきてしまうんですよ。それでダイビングに使う錘を頭の後ろの方につけてバランスを取りました。胸のメーターは秋葉原へ行って買ってきたものです。頭の回転は中にモーターを仕込んで、電源は電池です。この頃は無線操作はしてなくて、スイッチを入れると回転する仕組みですね。無線操作で行うようになったのは『ウルトラマン』のジラースからです。

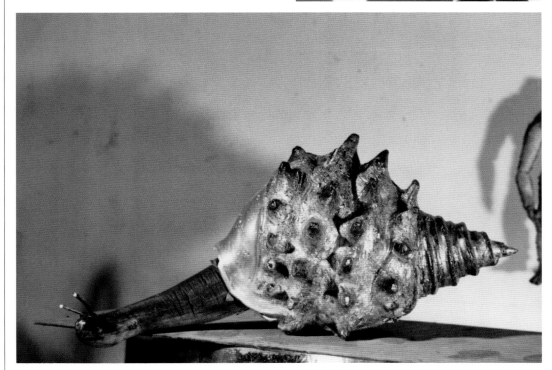
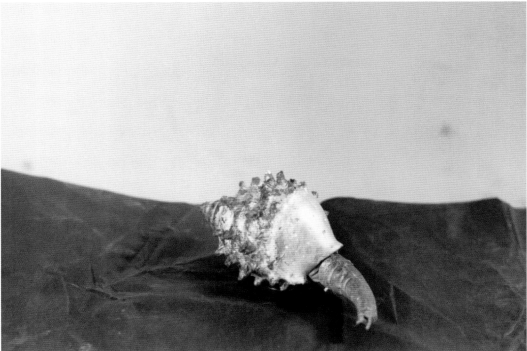

■前頁と本頁【『ウルトラQ』の造型物のスナップ】星川航空のセスナ機のミニチュアと、ミニチュア撮影用に制作されたクレーン。前頁の写真の奥に見えるのが美センの入り口にある守衛室。ロケバスも写っており、当時の撮影所の雰囲気が垣間見られる。

倉方 これはキャメラなんかが使う撮影用のクレーンの前のところに、ミニチュアを吊る部分を取りつけてるんです。石井さんが設計したものですね。この頃はまだ無線ではなくてヒモコンでミニチュアを操作してました。

■次頁【『ウルトラマン』の造型物のスナップ】『ウルトラマン』で科特隊が使うビートル機のミニチュア。この着陸脚がついているのは、初期のもので、科特隊本部の発着場にビートルがせりあがってくるシーンで使われている。次々頁は第38話(制作38話)「宇宙船救助命令」に登場する宇宙タンク。

佐川 ビートルは前が1本で後ろが2本、合わせて3本のピアノ線で吊ってました。後ろの2本は左右の翼につけて、片方を上げて片方を下げることでバンクさせるんです。ですから4本では吊らないんです。必ず3点吊りでした。初期の頃は滑車を使って手作業のヒモコンで操作してましたけど、ビートルの頃はピアノ線の先にモーターをつけて、そのモーターをリモコンで操作して、上げ下げをやってました。

■【『ウルトラマン』の造型物のスナップ】上は倉方さんの作業場での一枚。アボラスがガマクジラ（第14話「真珠貝防衛指令」に登場）のミニチュアをくわえているユーモラスなスナップだ。左でベムラーとの記念写真に収まっているのは、『ウルトラマン』の制作担当、守田康司。この守田さんのアルバムに、本書に掲載した当時の珍しい写真が多数残されていた。

■【金城哲夫スナップ】金城哲夫は、沖縄出身の脚本家。学生時代に沖縄から東京に上京し、恩師の影響から脚本を執筆。円谷英二の息子、円谷皐を介して円谷英二と出会い、円谷特技研究所に参加した。その後、円谷英二の信頼を受け、円谷プロの企画文芸室室長となり『ウルトラQ』『ウルトラマン』のメインライターとして多数の脚本も手がけた。誰からも好かれる明るくて人懐こい人柄から『ウルトラQ』『ウルトラマン』の現場のムードメーカーでもあったという。前頁左は、第38話（制作38話）「宇宙船救助命令」に登場するキーラとのスナップ。中央が金城哲夫。右が長女の金城奈里子、左が長男の金城京一郎。前頁右は佐川和夫と遊ぶ金城哲夫。前頁右下は子供たちとの一枚。本頁右下はイデ隊員、フジ隊員との記念写真。左は第25話（制作25話）「怪彗星ツイフォン」のセットでのスナップ。いずれの写真も沖縄の金城家のアルバムに残されていたもの。沖縄の金城さんの実家・松風苑にて奥様の金城裕子さん、弟の金城和夫さん、息子の金城京一郎さんに当時のことをお聞きした。

金城和夫 兄が円谷プロにいた頃、僕は高校大学と東京の学校に行ってたんです。それで兄のところに世話になったりもしました。東宝の撮影所を案内してもらって、円谷英二さんがプールで軍艦を燃やしてるのを見たことがありますね。映画ってこうやって撮るんだって思いました。円谷プロも1、2回は行きました。兄は英二さんからとても信頼されてましたね。もう円谷さんの兄弟の一人という感じでしたから。僕も前後の記憶はないんですが、円谷粲さん（円谷英二の三男）とお母さん（円谷マサノ）と買い物に出かけた覚えがあります（笑）。多分兄に円谷さんの家に連れてってもらったんでしょうね。兄は高校から東京にいましたから話すのは標準語でしたね。怪獣の名前にチブル星人とか沖縄の方言は使ってますから（チブルは沖縄の方言で頭の意味）方言は身についてはいたんですが、普段はそんなに出なかったですね。『ウルトラQ』の頃はほとんど家に帰ってなくて、円谷プロの近くにあったはなぶさという旅館につめてましたね。ただ、僕の記憶には、日曜の夜に子供二人を膝に座らせてテレビを見ていた兄の後ろ姿があるんですよ。ですから『ウルトラQ』や『ウルトラマン』の頃は、毎週ではないと思いますが、日曜日には家に帰って子供と見ていたのかなとも思います。僕は兄とは9歳離れてましたから、兄は仕事の話を僕にするという感じではなかったですが、後から事情を知ると、あの時はこうだったのかと思い当たることはありますね。『ウルトラQ』が路線変更した時に作家さんに断る役をやったと聞きましたが、そういう人がやらない役を引き受けるとか、相当鍛えられてたんでしょうね。

金城京一郎 この写真（前頁のキーラとの写真）、姉ちゃんが泣きそうな顔してますね（笑）。僕はまだ小さかったこともあるんですが、この頃の親父の記憶はないですね。おそらくほとんど家に帰ってこなくて、会ってなかったんですかね。こうやって写真を見ると忙しい中でも家族サービスもしてたんだなぁと思いますが（笑）。ただ、撮影所に何回か連れていってもらった記憶はあります。親父がウルトラマンを作ったというのは小さいからよくわかってなくて、沖縄に戻って『帰ってきたウルトラマン』の頃ですかね。親父が前作を作ったんだって意識したのは。沖縄では、ここの松風苑に親父の書斎があって、時には親父がお店を手伝ってたこともありました。ただ、仕事の時は書斎で没頭してましたね。僕らも書斎に入っていけるような雰囲気ではなかったです。

金城裕子 写真が好きで、このナナメ上を見たポーズでよく撮ってもらってましたね（笑）。私は円谷プロや撮影所に行った記憶はないので、この写真の時は子供たちだけ連れて行ったんでしょうね。子煩悩だったんで、子供たちを連れて出歩くのは好きでした。私は子育てで手一杯でしたから、この頃の作品は見てなかったと思います。『ウルトラマン』の頃はとても忙しい時で、家にはほとんど帰ってこなかったです。脚本を1本書くと5万円入るからって、いい話はするんですけど、そのお金は持ってこないんですよ（笑）。生活は大変でした。この頃は私の実家に少し助けてもらってましたね。子供もまだ小さくて私も忙しかったですから、私は沖縄に帰りたくて、「帰ろう」って言ったこともありました。でもテレビの仕事がありましたからね。円谷プロを辞めて沖縄に戻りましたが、あの頃にちょうど沖縄の本土復帰がありましたから、それに立ち会いたいというのもあったと思います。それと怪獣作家と言われたのはショックだったと話してましたね。とても優しい人で、優しいから傷つきやすいんですよ。優しさで全てに負けてしまった感じがします。一さん（円谷一）とは、とても仲良かったようで、一さんが亡くなった時は（東京の葬儀に）行ってました。こっちに戻ってきてからも、しばらくは落ち込んでましたよ。ものおじしない人で、どんなところにも入っていきますから、沖縄に戻ってからも忙しかったですね。ただこっちに戻ってからは、たまに仕事の話をしてくれることもありました。でも、私が相手にしないもんだから、「キミのいいところは批判をしないところだ」なんて言ってましたよ（笑）。

桜井 『ウルトラQ』は放送が決まらないところで作ってましたから、これが世に出なかったらどうしようみたいな運命共同体な感じもあって、皆仲良かったですね。私たちが撮影を終えて帰ってくると、必ず円谷プロに金城さんがいて、「おっ、今日はどうだった？」って、笑顔で迎えてくれました。ただ、改めて思うと、金城さんは当時笑ってる場合じゃなかったんですよね。栫井さんの話だと、栫井さんがあんまり言うんで金城さんが泣いてしまったこともあったそうですから。それでも私たちの前では常に笑顔でいてくれました。あれは金城さんスゴかったんだなぁと思います。『ウルトラマン』の時は評判がよかったですから、金城さんも機嫌がよくて、よくエキストラで出演もしてましたね。「また出るの、金城さん？」みたいな感じで（笑）。その日の撮影が終わるとだいたいAZというスナックに行って、スタッフやキャストが飲むんですね。ここでも中心となっていたのは金城さんと一さんでした。この二人は豪放磊落で明るくて、人懐っこくて、現場のムードを作ってましたね。飲み放題食べ放題でしたけど私たちは支払いをした記憶がないんです。ですから支払いは、金城さんか一さんがしてたと思います。最後に必ず金城さんが「学園広場」という歌を歌って、それが締めでした。「そら〜に向かって〜」って（笑）。

■【上原正三スナップ】上原正三は、『ウルトラQ』『ウルトラマン』の脚本家。同郷の金城哲夫とともに円谷プロの文芸部として活躍した。左は当時の文芸部のスナップ。左上の写真、左から金城哲夫、赤井鬼介、上原正三。上は沖縄に帰った金城哲夫の招きで、円谷プロで沖縄旅行へ行った際の写真。左が円谷一、右が上原正三。

上原 金城が東京からスタッフを連れてきて、沖縄の俳優を使って『沖縄物語』という1時間もののテレビ作品を撮ったことがありまして（全3話、未放送）、僕もそれに駆り出されたんですね。その仕上げを東京でするんで、僕も東京に来いって言われて。その時に円谷家に連れていかれて、金城が一さんに、実は上原もシナリオライター志望なんですって紹介してくれたんです。僕はその時、金城が僕を東京に連れてきたのはこのためかと思いました。ところが一さん、冷たいんだよね。「シナリオライター志望なんてごまんといるから、本当になりたかったら賞を取ってこないと」って言うんだよ。それで僕は沖縄に戻ってから「収骨」というシナリオを書いて、これが芸術祭テレビ部門の佳作に入ったんです。今度は一さんは男らしくてね、「よし、賞を取ってきたならデビュー作は俺が監督してやろう」って言ってくれました。それで『ウルトラQ』用に「OIL S.O.S」という脚本を書いたんですが、これはロケ地の都合で中止になってしまって（サブタイトルは後に『ウルトラマン』で使われる）。ただ怪獣がもうできていたんで、急きょ「宇宙指令M774」（制作19話）を書いたんです。一さんは予定が合わなくなったので、あの時は満っちゃん（満田稠）もペーペーだったから、ちょうどいいだろうってことで、「宇宙指令M774」（脚本／上原正三　監督／満田稠）は、僕とのペーペーコンビになりました（笑）。それがデビューになったんです。佳作の賞金があったんで、2、3ヶ月は東京にいて、その時に金城がサンプルストーリーが必要だって言うんで、金城と二人で何本も書きました。その後、賞金も尽きたので沖縄に帰ると金城に告げたら、円谷プロの社員にしておいたからって（笑）。それで円谷プロの企画文芸部に入ったんです。発注したシナリオを受け取りに行ったり、監督からの直しを脚本家に伝えるのが仕事で、『怪奇大作戦』の後で円谷を辞めるまで、それをやってました。これは勉強になりました。中には「正ちゃん（上原さんのこと）、共作でいいから直しておいて」と言う人もいましたね（笑）。円谷プロのあたりに、はなぶさという旅館とAZというスナックとたかはしっていう焼き鳥屋がありまして、金城も僕もAZで飲んだ後に、はなぶさで脚本を書いて徹夜で仕上げる、みたいな生活でした。皆さんの脚本を直しながら自分の脚本も書いて、何でも屋でしたよ。

　普通のライターは物語から発想するんですが、金城の発想は怪獣からなんです。怪獣を思いつくとストーリーができるとよく言ってました。僕もその極意を細やかながら盗ませてもらって、その後に活かしました（笑）。金城の作品はとにかくど真ん中のストレートでしたね。金城がそうやって軸を守り続けてくれるから、僕や佐々木（守）さんは自由に変化球が投げられたんです。ただ、金城には天才が持つ強さと弱さがあって、内面はとても繊細でした。それを隠すために、皆を笑わせるパフォーマンスをしてたんですよ。円谷英二さんには三人の息子がいましたが、金城は4番目の息子という感じでしたね。それだけ英二さんに信頼されてました。金城自身も英二さんは東京の父親だって言ってましたから。

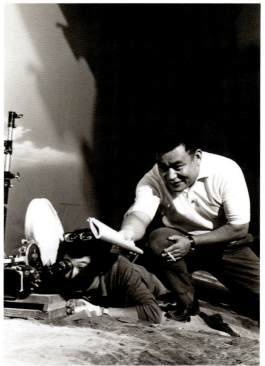

■本頁と次頁【『ウルトラマン』スタッフのスナップ】左上は第30話（制作31話）「まぼろしの雪山」のロケ先での記念写真。左から3番目の髭の人物が合成の中野稔、その3人右が撮影の佐川和夫。その右が照明の幸村寿朗。右から2番目の子供抱いているのが監督の円谷一。その左の女性が記録の浦島邦江。下はキャメラを構える佐川和夫と指示を出す円谷一。

佐川 オレがキャメラ回してる時に、それをTBSのスチールカメラの人がたまたま見ててね。「今のいい画だから正面から撮りたいんで、もう一度やってくれないか」って撮ったやつなんですよ。それで珍しく正面から撮られてるんです（笑）。

■左下の2点はキャメラを覗く高野宏一。右頁は最終話の特撮班の完成記念写真。前列でボードを持っている左の人物が撮影助手の中堀正夫。その右が撮影助手の稲垣涌三。2列目の左端が制作の房前義勝。その右が特技監督の高野宏一。その右の女性が記録の浦島邦江。右の赤いシャツの人物が撮影助手の鈴木清。2列目の右端が制作の梅本正明。その左後ろが操演の沼里貞重。3列目の左端が操演の中島徹朗。その右が撮影の佐川和夫。その右が照明助手の安藤正則。その右が助監督の大木淳吉。その右の赤いセーターの人物が撮影助手の高木浩史、その右が美術助手の池谷仙克、その後ろが操演の平鍋功、その2人右の赤いシャツに黒いジャンパーの人物が照明の小林哲也。日付を見ると放送の10日前であることがわかる。

稲垣 あの頃は熱気があって、皆がそれぞれに、あれをやりたい、これをやりたいって思ってましてね。その一部にいられたのはよかったです。特撮といえばゴジラが最高峰にありましたから。だってゴジラの現場は東宝スタジオで2000キロのライトをずっとたいてるんですよ。まだまだ上がいるって思いながら頑張ってました。

上原 あの頃は皆若くて、手探りしながら切り込んでいく熱気がすごかったですね。円谷英二さんが、若手を信頼して色々任せてくれてましたから、自分のこの仕事は、円谷英二からどう見られるのかというのは、常に意識してたと思います。それで中途半端なものが作れなくなってたんですよ。

あとがきにかえて

　本書では『ウルトラQ』と『ウルトラマン』のスナップを集めたが、今回の取材で『ウルトラセブン』の大変珍しい写真が併せて発見されたので、ここに紹介する。写真はいずれも当時ミニチュアを制作していた高木敏喜さんのアルバムからお借りしたもの。

■本頁右と右頁【『ウルトラセブン』に登場するウルトラホーク2号のミニチュア】右は本編で使用されたもの。右頁は上段中央と下段の左2点が本編用。ほかは検討用と実際には使用されなかったモデル。右下の写真を見るとロケットの可動を検討していたことがうかがえる。

■次々頁【『ウルトラセブン』のウルトラホーク1号】これは撮影用のミニチュアの写真を元に作られた展示用。

■本頁より3頁目【『ウルトラセブン』のウルトラホーク3号ほか】左のウルトラホーク3号は1号同様に展示用のミニチュア。右上のポインターは撮影用のミニチュア。集合写真には同時期に製作された『マイティジャック』のミニチュアも並んでいる。

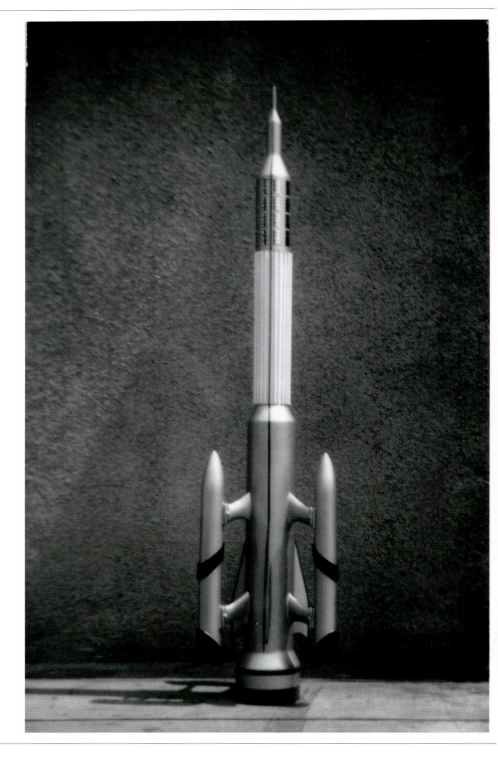

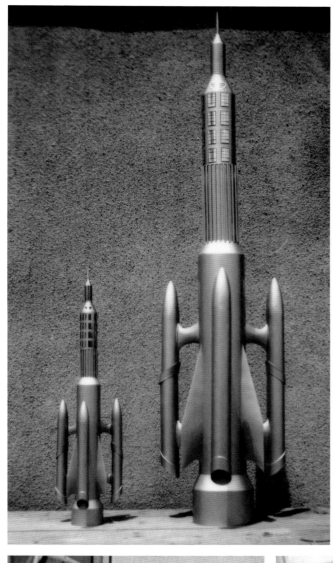

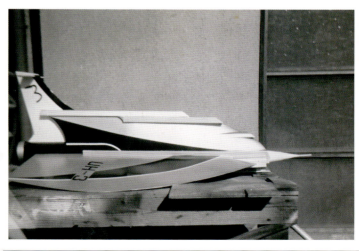
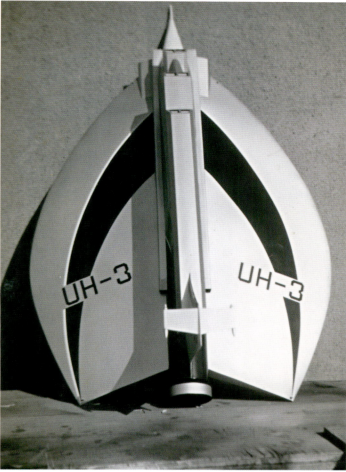

ウルトラマンシリーズ放送開始50年 記録写真集

ウルトラマンの現場
～スタッフ・キャストのアルバムから～

監修
株式会社 円谷プロダクション

企画コーディネート
桜 井 浩 子
株式会社 円谷プロダクション

企画協力
西 村 祐 次
M1号

構成・取材・執筆
間 宮 尚 彦／大 石 真 司

序文・作品解説
金 田 益 実

取材協力
原 口 智 生

協力
木之下 健介／佐々木 明／佐藤 宏之／高木 敏喜／高野 宏一
竹内 博／堤 哲也／中島 徹郎／中村 宏治／守田 康司

装丁・デザイン
伊 丹 洋 一
Design Field RANDY'z

校閲
コ ト ノ ハ

編集
吉 田 伸 浩
株式会社 小学館

©円谷プロ

2016年12月12日　初版第1刷発行
発行人／佐上靖之　　編集人／吉田伸浩
発行所　株式会社小学館
〒101-8001　東京都千代田区一ツ橋2-3-1
編集／電話:03-3230-5994　販売／電話:03-5281-3555
印刷所／共同印刷株式会社　製本所／株式会社若林製本工場
Printed in Japan

●造本には十分注意しておりますが、印刷、製本など製造上の不備がございましたら
「制作局コールセンター」(フリーダイヤル 0120-336-340) にご連絡ください。
(電話受付は、土・日・祝休日を除く 9:30 ～ 17:30 になります)
●本書の無断での複写 (コピー)、上演、放送等の二次利用、翻案等は、著作権法上の例外を除き禁じられています。
本書の電子データ化などの無断複製は、著作権法上の例外を除き禁じられています。
代行業者などの第三者による本書の電子的複製も認められておりません。

© 2016 SHOGAKUKAN
ISBN 978-4-09-682235-7